Jean-Claude Secondé

Guide Initiatique de la RADIESTHÉSIE

Éditions TrajectoirE

A la mémoire intacte du Révérend Père Jean Jurion
Pour Hélène, Christelle, Dimitri

REMERCIEMENTS

A tous les membres du *Centre Français du Magnétisme Parisien* qui souvent m'ont instruit par leurs questions. A Nicole Boyer, fille de Mme et M. Lambert, qui m'a confié les portraits des radiesthésistes collectionnés par ses parents, fondateurs de la célèbre *Maison de la Radiesthésie de Paris* . Merci à Michel Sommerard, .P.D.G. de Florame Saint-Rémy de Provence et constructeur passionné des dodécaèdres.

Qu'ils trouvent tous à la fois ma reconnaissance et ma fraternelle complicité dans l'expansion de la Vérité.

PRÉFACE

Nous fûmes un certain nombre, dès 1985, à découvrir les joies et les subtilités de la radiesthésie et du magnétisme, que Jean-Claude Secondé commençait d'enseigner avec passion et conviction.

Les stages se déroulaient pendant l'été dans le cadre médiéval et rabelaisien de l'abbaye de Seuilly, en Touraine.

L'atmosphère conviviale et chaleureuse de cette université parallèle nous laissait entièrement libres d'étudier la réalité troublante des pouvoirs invisibles : télépathie, médiumnité, voyance directe, dédoublement...

Si nous sommes si nombreux à évoquer ces heures bénites où nous pouvions nous initier à ce que l'homme détient de meilleur en lui-même, à savoir la faculté proprement miraculeuse de pouvoir guérir les autres, cela tient sans nul doute à ce que Jean-Claude et Hélène Secondé n'ont jamais séparé les disciplines étudiées d'un enseignement spirituel de très haute qualité.

Le disciple est celui qui commence à comprendre les vertus de l'autodiscipline. Le maître est celui qui maîtrise à la perfection une discipline particulière.

Pour le radiesthésiste, le pendule fait office d'instructeur. Il doit se maîtriser lui-même avant que de songer à discipliner un instrument.

Le pendule m'a toujours fait penser au fil à plomb des Compagnons du Devoir. L'être humain n'est-il pas un pendule entre les mains sacrées de Dieu ? Ne doit-il pas se tenir le plus près possible de la verticale et du juste milieu ?

Cette verticalité et cette justesse de la maîtrise ne deviendront réalisables que si le cœur et l'attention rejoignent la science et la conscience.

Car c'est un art que de guérir, de savoir vivre et de prier.

Le magnétisme est un acte d'amour. La puissance de l'Esprit passe à travers les mains du guérisseur pour soulager la souffrance d'autrui. Le guérisseur est un canal, mais il n'est efficace que si la foi et la conscience intensifient ses énergies.

Le livre de Jean-Claude Secondé est un bréviaire irremplaçable qui peut rendre de grands services à ceux et à celles qui désirent sincèrement soigner les autres et les aider.

Les résultats que vous ne manquerez pas d'obtenir par la pratique assidue de la radiesthésie transformeront votre existence et affineront vos perceptions. Les plus avancés d'entre vous ne tarderont pas à rejoindre la fraternité solaire et providentielle des Compagnons du magnétisme.

Marc Questin (Druide Sagos).

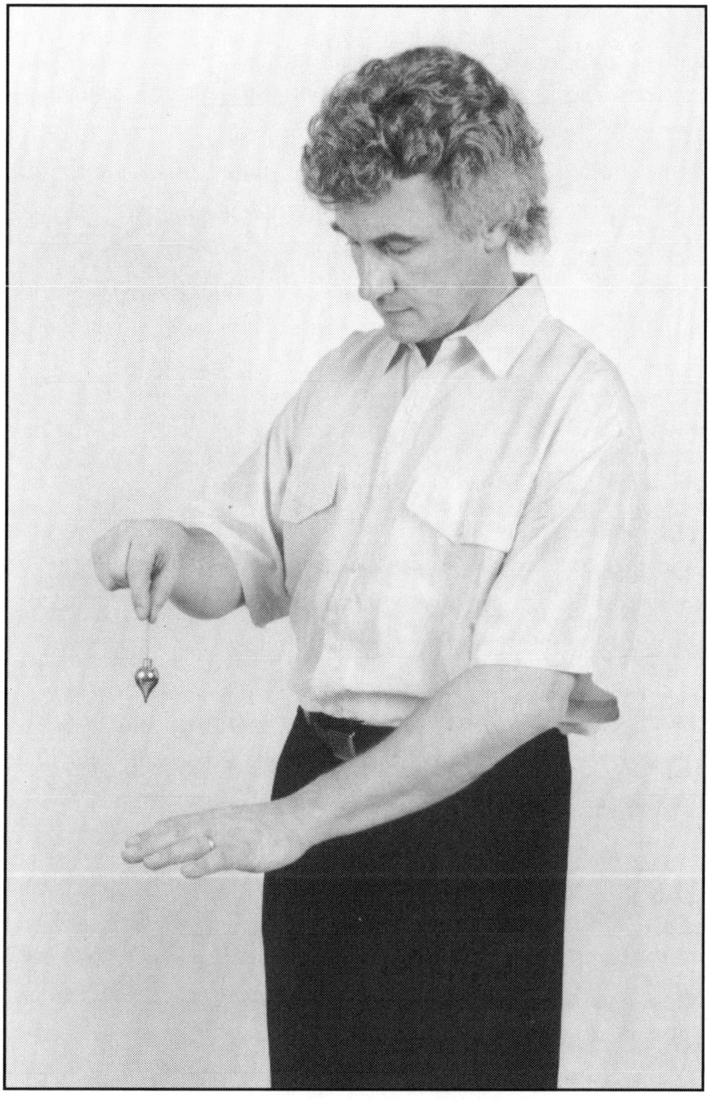

Jean-Claude Secondé, l'auteur, travaillant avec un pendule

INTRODUCTION

PORTRAIT DE L'AUTEUR EN RADIESTHÉSISTE

HISTOIRE D'UN ENFANT MÉDIUM ET DE SA RENCONTRE AVEC LA RADIESTHÉSIE SOUS LES TRAITS D'UN HOMME D'ÉGLISE...

Tout commence quelque part en France par un petit garçon qui, très tôt, apprit à passer de l'autre côté du miroir. Cela ne va pas d'ailleurs sans quelques inconvénients. Qu'il reçoive télépathiquement la réponse aux problèmes posés dans le cadre de son école, voilà qui n'entre guère parmi les conceptions étroites de ses professeurs... qui l'accusent de tricher ! L'enfant est fréquemment visité par des rêves prémonitoires. Dans son entourage immédiat, de tels dons ne choquent pas : la branche paternelle est riche de la sève de l'Ailleurs. Dans son arbre généalogique, on croise beaucoup de spirites, de médiums, de magnétiseurs...

Dans l'immeuble où ils habitent, loge une voisine qui, parfois, donne à garder ses deux enfants à la mère du jeune garçon. Un jour, affligée d'un sévère problème de vésicule biliaire, elle confie ses marmots à ses parents, le temps d'aller se faire soigner. Lorsqu'elle revient, ce n'est plus la même femme. Elle est littéralement transformée. Elle semble radieuse et légère. La mère du jeune enfant médium, interloquée, lui demande :

– Quel médecin avez-vous vu ? Que vous a-t-il fait ?

– Ce n'est pas un médecin. C'est un radiesthésiste, qui pratique le magnétisme. Un homme d'église par ailleurs, le révérend Père Jean Jurion ...

– Pensez-vous qu'il puisse s'occuper des problèmes de croissance de mon fils ?

DEVENU HOMME, L'ENFANT TRAVAILLE SUR DES MATIÈRES BIOLOGIQUES ET MÉDICALES, SOUS L'ÉGIDE ÉCLAIRÉE DE SON MAÎTRE...

C'est ainsi que notre petit prince, qui a maintenant quatorze ans, se rend pour la première fois chez le Révérend Père Jurion. L'homme de l'art l'examine. Il ne lui faudra pas longtemps avant de déclarer :

– Madame, cet enfant sait faire de la radiesthésie !

L'étonnement de la mère n'a de commune mesure qu'avec l'ébahissement du fils devant ce nouvel univers qui s'ouvre à lui, riche d'explorations et de découvertes. C'est comme s'il découvrait enfin ce qu'il a toujours cherché : la voie à travers laquelle il pourrait exprimer ses dons. Comme la sensation de trouver enfin sa place dans l'Univers. Tout se met en ordre dans sa tête. Les éléments du puzzle s'unissent pour former un tout cohérent. C'est peu dire que le courant passe bien entre l'ecclésiastique et l'adolescent. Sans hésiter, il emboîte ses pas dans les pas de géant du Père Jurion. Au fil des ans, il s'avère un élève des plus doués. Le temps passe et devenu homme, il travaille sur des matières biologiques et médicales sous l'égide éclairée de son maître et initiateur. Père spirituel est le mot. Sans cet homme remarquable que fut le Révérend Père Jean Jurion, ce livre n'aurait pu être écrit car, cet enfant, c'était moi...

"LA FRANCE EST TOUJOURS EN RETARD D'UNE GUERRE"... C'EST PARTICULIÈREMENT VRAI POUR LES MÉDECINES DOUCES !

Tout en continuant mon apprentissage, je donne, par l'intermédiaire du pendule, des conseils et orientations à mes amis et à mes connaissances. Je peux ainsi mesurer les progrès qu'il me reste à faire !

Une autre rencontre va déterminer mon orientation : celle du naturopathe le Dr André Passebecq, en 1965. Pendant six ans, je participerai aux activités du groupe parisien "Vie et action".

D'abord simple assistant, j'apprendrai à maîtriser les méthodologies de cet art, ce qui me vaudra, quelques années plus tard, d'organiser le premier "Forum des médecines naturelles" (terme auquel je préfère d'ailleurs celui de "Médecines alternatives").

Le dicton populaire qui veut que "la France soit toujours en retard d'une guerre" est particulièrement vrai en ce qui concerne ces domaines, soigneusement réglementés (ce qui évite toute forme de charlatanisme ou du moins, le réduit au minimum) en Suisse et en Allemagne, au même titre que la médecine allopathique. Aussi, c'est en Angleterre que j'obtiendrai mes diplômes d'ostéopathie et de physiothérapie.

ÉGYPTE, GRÈCE : DES VOYAGES QUI SONT AUSSI DES VOYAGES INTÉRIEURS, PEUPLÉS DE RENCONTRES ÉTONNANTES !

Rappelons tout de même qu'à l'heure actuelle, l'ostéopathie, sortie depuis peu de sa saison en enfer, n'est toujours pas remboursée par la Sécurité sociale, alors qu'elle a maintes fois prouvé son efficacité. Il est vrai qu'elle ne fait pas fonctionner l'industrie pharmaceutique... c'est sans doute son plus grand tort ! La physiothérapie, quant à elle, regroupe toutes les formes de massages dans le cadre d'une utilisation thérapeutique, ainsi que le traitement par électricité.

Tout est à présent en place pour que je puisse me lancer à "plus grande échelle" et, dans les années soixante-dix, j'installe mon cabinet de consultation. Je suis alors le plus jeune des radiesthésistes et magnétiseurs sur la place de Paris. De quoi vous tourner la tête ! Mais ma boulimie de savoir est sans doute mon garde-fou contre l'acromégalie (syndrome de la grosse tête précisément). Entre 1970 et 1976, j'entreprends une série de voyages, notamment en Grèce (dans l'île de Samos) et en Égypte. Ces voyages ne relèvent pas, comme vous vous en doutez peut-être, d'une simple volonté de tourisme, mais d'un désir authentique d'étendre le champ de mes connaissances, de développer mon potentiel humain.

LES TECHNIQUES ET LES APPROCHES, LOIN DE SE NIER, SE COMPLÈTENT

Ces "escapades" seront ponctuées de grandes rencontres au niveau spirituel. Là-bas, guérisseurs et personnes douées d'étonnants pouvoirs psychiques jalonneront mes balades de l'autre côté du miroir. On m'observe, me jauge et l'examen doit être en ma faveur, puisqu'une confiance réciproque s'installe. Ces hommes m'ont beaucoup appris sur leurs techniques, leurs méthodes et leur mode de pensée. De fructueux échanges s'accomplissent.

Échange, ce me semble être le mot clé de l'Univers. Échange de savoirs, d'énergies, d'amour. La radiesthésie gagnerait sans doute beaucoup à s'enrichir des pratiques des divers usagers du pendule et de la baguette à travers le monde. Il en est de même pour le magnétisme. Les techniques, loin de se nier, se complètent. Chaque art, chaque science souffre d'être cloisonné dans son microcosme.

Radiesthésie et magnétisme me semblent être deux approches complémentaires, deux facettes d'un même art, d'une même pratique de la médiumnité. Dans les deux cas, l'officiant remplit le rôle d'un médiateur, d'un canal à travers lequel s'expriment certaines formes d'énergie et ce, quelles qu'en soient la nature et l'origine. Car, aujourd'hui, les querelles entre "physiciens" et "mentalistes" me paraissent issues d'un autre âge.

LA LECTURE D'AURAS EN PUBLIC... CHAQUE ANNÉE, AU SALON PARAPSY, DES RÉSULTATS STUPÉFIANTS DE PRÉCISION !

Après avoir travaillé avec différents grands professionnels, je décide de monter ma propre structure. Ainsi naîtra le *Centre Français du Magnétisme*. Il y a dans cette création une sorte de continuité naturelle. Le Révérend Père Jean Jurion m'avait enseigné son savoir, su déceler mes dons et leur permettre de s'épanouir. N'était-il pas logique qu'à mon tour je donne ce qu'il m'avait été donné de recevoir ? La Vie est une perpétuelle chaîne de transmission...

Il y a plus de dix ans, en Angleterre, mes dons furent testés dans un monastère bénédictin. J'étais l'unique français. Ce que j'avais pu apprendre, au cours de mes voyages et de mon apprentissage, poussé par ce désir de m'initier à diverses disciplines, paraissait pour beaucoup d'autres, éparpillé et diffus. Peut-être ai-je voulu, à travers ce Centre, me faire l'écho d'une unification possible, d'une réunion des savoirs.

L'exemple le plus flagrant de cette séparation des connaissances est la lecture d'aura. Pendant huit ans, au cours du Salon Parapsy, leader européen dans le domaine de la Parapsychologie (hasard ? A l'instant où j'écris ces lignes, j'apprends qu'il vient d'être rebaptisé, pour son crû 94, salon Europsi...), je me suis livré à cet exercice en public.

SI D'AUTRES PRATIQUENT CETTE MÉTHODE, ILS ONT SU DEMEURER DISCRETS !

Chaque année, des personnes étaient tirées au sort parmi les volontaires. Les résultats se sont avérés stupéfiants de précision, sur des points précis et incontournables de la personnalité. Mais la lecture d'auras va bien plus loin : elle permet de décrire nos existences antérieures et ce que nous serons dans une vie future.

Telle personne, à laquelle j'affirmais qu'elle avait été forgeron dans une précédente incarnation, me révèle que sa famille est une famille de forgerons. De tels détails ne s'inventent pas !

Chacune des séances a été filmée. Parfois, au terme d'une lecture d'auras, une personne venait me trouver : "Vous n'êtes pas le seul à faire la lecture d'auras. Telle autre personne que je connais, la fait." Je ne prétends pas posséder l'exclusivité de cette méthode. Force m'est pourtant de constater que, si d'autres que moi l'exercent, ils savent demeurer discrets et n'osent pas faire en public la démonstration de leurs dons.

Mais au fait qu'est-ce que l'aura ? On pourrait, schématiquement, affirmer qu'il s'agit de l'énergie vitale rayonnant non seulement de chaque être humain, mais également de tout être vivant, qu'il appartienne au règne minéral, végétal, animal ou humain. Il correspond à ce qu'en spiritualité, on nomme le corps énergétique.

L'AURA D'UN MÉDIUM NE POSSÈDE NI LES MÊMES TEINTES NI LES MÊMES CONTOURS AVANT ET APRÈS L'EXERCICE DE SON ART

Ce rayonnement peut être photographié grâce à l'appareil mis au point par le scientifique russe Kirlian. Cet appareil, extrêmement précis, est utilisé par certains médecins d'avant-garde, notamment le Dr Halfon qui fut l'un de ses initiateurs en France. Pourquoi ? Parce qu'il permet de détecter certaines maladies graves, avant que celles-ci ne se manifestent par des symptômes.

Les zones d'ombre en effet trahissent des lieux du corps dans lesquels l'énergie ne circule pas. On peut remarquer d'autre part des modifications de forme et de couleur en fonction de la vitalité et de la puissance spirituelle de la personne testée par cette méthode.

L'aura d'un médium ne possède ni les mêmes teintes ni les mêmes contours avant et après l'exercice de son art. Il est d'ailleurs éminemment curieux – un vieux fonds d'esprit faussement cartésien ? – que le procédé Kirlian ne soit pas unanimement reconnu comme valable par l'ensemble des scientifiques, puisqu'il présente les critères d'une expérience reproductible !

TOUS LES ÉVÉNEMENTS VÉCUS AU COURS DE NOS INCARNATIONS SUCCESSIVES LAISSENT UNE EMPREINTE SENSITIVE PALPABLE !

Un magnétiseur d'une sensibilité particulièrement développée – et, croyez-en mon expérience, ça se travaille ! – peut définir les contours de l'aura par un décryptage digital, en déplaçant ses mains autour d'une personne. Les informations récoltées sont de diverses natures.

Elles concernent non seulement religion, santé et spiritualité, mais comme nous l'avons vu la réincarnation, la vie affective, l'évolution, la vie professionnelle... Il semble que tous les événements vécus au cours de nos diverses incarnations, laissent une empreinte sensitive aisément palpable pour qui sait la déchiffrer.

Il nous semble important de préciser ici la notion de "karma". Ce mot ne concerne pas exclusivement le phénomène de la Réincarnation.

Il nous dit que notre situation présente est le résultat de nos actions passées et qu'en changeant notre mode d'action présent, nous sommes susceptibles d'orienter différemment notre avenir. Il n'y a dans cette conception rien de déterministe... au contraire !

Comme s'en sont aperçu les experts en chirologie, les lignes de la main ne sont pas immuables. Elles évoluent au cours de notre vie.

De même, notre aura subit, au cours de notre existence, de nombreuses modifications. Lire l'aura n'est donc nullement une description passive, mais bien plutôt une incitation au changement.

LE LIVRE QUE VOUS TENEZ ENTRE LES MAINS N'EST PAS UNE NIÉME TENTATIVE DE SYNTHÈSE, MAIS UN OUVRAGE DE PROSPECTION RADIESTHESIQUE

Se voir décrire une existence antérieure, fût-ce de manière extrêmement précise, ne nous servirait à rien, s'il ne nous permettait de résoudre ici et maintenant les problèmes qui nous sont soumis, d'en connaître l'origine et d'avoir prise sur eux pour ne pas traîner *ad vitam* la réaction à un schéma hérité d'une autre vie.

De même, notre vie future demeure essentiellement fonction de notre situation présente. Il ne tient qu'à nous de faire bifurquer une voie qui ne nous convient pas. Mais pour cela, il faut savoir retrousser nos manches pour prendre nos difficultés à bras le corps ! La lecture d'aura peut en outre nous permettre de savoir si nous faisons fausse route ou si la voie dans laquelle nous nous engageons est épanouissante pour nous.

De nombreuses personnes, dans mes cours et séminaires, ont pris connaissance de ces techniques et les pratiquent avec bonheur. A présent que je me suis, d'une certaine manière, présenté à vous, laissez-moi vous parler un peu de l'ouvrage que vous tenez entre les mains.

Ce livre n'est pas seulement un nième ouvrage de synthèse, tendant à réunir les connaissances éparpillées ici et là, bien qu'en un sens, il remplisse également cet office. Il se veut avant tout ouvrage de prospection, s'aventurant parmi les multiples possibilités de la radiesthésie.

Il semble en effet qu'à ce jour, il existe encore un tabou quant à certaines perspectives de cet art, encore écartelé entre mentalistes et physiciens (voir à ce sujet le chapitre "Petite histoire de la radiesthésie").

DES SUJETS ENCORE TABOUS POUR BON NOMBRE DE RADIESTHÉSISTES...

D'un côté, ceux qui veulent à tout prix obtenir une crédibilité scientifique, et n'hésitent pas, pour ce faire, à jeter aux oubliettes certaines applications de la radiesthésie, encore à leurs yeux entachées de soufre. De l'autre, les spiritualistes purs et durs, pour lesquels certains sujets semblent peu dignes d'intérêt, trop marqués selon eux des stigmates du matérialisme. Dieu merci, tous les radiesthésistes n'ont pas de semblables œillères et l'Abbé Mermet entre autres, n'a pas hésité à pratiquer, avec succès, la voyance radiesthésique.

Il nous semble temps de rompre les barrières et les cloisonnements, afin d'explorer en toute conscience ces domaines. La radiesthésie ne se borne pas à la recherche de sources ou de minerais, pas plus qu'à la recherche de personnes disparues. Elle peut également nous ouvrir les portes de la voyance et de la médiumnité ou nous permettre de jeter un regard d'une précision extrême sur nos existences antérieures. Mieux : elle permet d'accéder à une vie plus riche, tant matériellement que spirituellement, en dynamisant les différents secteurs de notre existence.

LE PENDULE PEUT NOUS ÉCLAIRER À CHAQUE INSTANT DE NOTRE VIE ET DEVENIR UN INSTRUMENT "ACTIF" !

Le pendule est un outil de premier ordre dans les exercices de pensée positive. Trop généralement considéré comme "passif", il peut également devenir actif. Il sera en ce sens utilisé seul ou avec l'adjuvant (fortement recommandé) de la pyramide ou du dodécaèdre, une forme puissamment émettrice et trop souvent méconnue par les chercheurs. A tout instant de notre vie, le pendule peut nous éclairer, notamment dans la vie professionnelle, les affaires boursières ou immobilières, dans lesquelles il nous évite de perdre beaucoup de temps... et d'argent !

Cet ouvrage se distingue donc, en premier lieu, par le fond car, outre les incontournables classiques que sont le fonctionnement de base du pendule et de la baguette, la recherche des objets et des personnes disparues, la radiesthésie médicale et la géobiologie (étude des ondes cosmo-telluriques, de leur influence sur notre vie quotidienne, du moyen de les détecter et de les contrer), domaines qu'on ne peut passer sous silence, ce livre débusque les possibilités inédites du pendule.

Inédites, elles ne le sont guère dans les stages et séminaires, mais tout se passe comme si elles devaient à jamais demeurer scellées dans ces lieux clos et ne jamais connaître le papier imprimé.

DES EXERCICES PRATIQUES, EXPLIQUÉS AVEC MÉTHODE, ÉTUDIANT LES OBSTACLES AUXQUELS VOUS SEREZ CONFRONTÉS...

Toute vérité est bonne à dire, car le lecteur est adulte et responsable. Il ne tient donc qu'à lui de la prendre ou de la laisser, au gré de ses convictions personnelles.

La forme n'en est pas pour autant négligée. Nous vous proposons des exercices essentiellement pratiques, décrits de la manière la plus précise possible, étudiant point par point les obstacles auxquels vous pouvez vous trouver confrontés, définissant les questions qui vous permettront d'obtenir les réponses les plus efficaces et les plus sûres. Bonne lecture !

M. Lambert, le fondateur de la Maison de la Radiesthésie

Chapitre Premier

ET POURTANT, ILS TOURNENT DE LA BAGUETTE DU SOURCIER AU PENDULE

DU POINT DE VUE DES ARCHÉOLOGUES, LES PENDULES EN GRÈS TROUVÉS DANS LA VALLÉE DES ROIS... NE SERAIENT QUE DES BIJOUX !

Dans leur fameux *Matin des magiciens*, mélange détonnant de fiction et d'investigation de ces domaines qu'on nomme à la légère parapsychologiques, Louis Pauwels et Jacques Bergier s'étonnaient que l'archéologie ne soit pas en corrélation avec d'autres disciplines scientifiques. Les résultats obtenus, disent-ils, peuvent ainsi être faussés. Comment définir qu'un objet relève d'une haute technologie si l'on ne possède aucune connaissance de ce type de technologie ? Ainsi est-il généralement admis que l'un des premiers pendules découverts, en grès, le fut dans un sarcophage de la Vallée des Rois. Une simple visite au Musée du Caire suffit pourtant à nous convaincre que cette vérité est loin d'être reconnue par tous. Pour nos éminents confrères scientifiques, ces objets en grès ne sont autres que des bijoux, et c'est sous cette classification qu'ils sont dûment répertoriés ! De la même manière on veut nous convaincre que les niches de la Pyramide de Chéops contenaient toutes des statuettes ou des bijoux qui ont été volés... Il est vrai que les archéologues ne connaissent pas grand chose en matière de radiesthésie ou de voyage astral, pourtant minutieusement décrit dans Le livre des Morts égyptien ! Cependant, un radiesthésiste ne peut se tromper quant à la nature réelle des "bijoux" en question.

UNE RÉPONSE RAPIDE, DIRECTE ET SANS AUCUNE AMBIGUÏTÉ

Plusieurs siècles d'abandon du pendule suivront, avant que celui-ci ne soit remis au goût du jour, il y a une cinquantaine d'années, par Gerboin, un professeur de la Faculté de Strasbourg. Depuis, le succès du pendule ne s'est plus jamais démenti. Il faut dire que son type même de réponses, essentiellement binaire, a de quoi séduire notre époque.

Le pendule permet d'obtenir une réponse rapide, directe et sans ambiguïté, à nos questions les plus intimes. Cependant, aux deux réponses communément admises : le "oui" et le "non", le positif et le négatif, il convient d'en ajouter une troisième. Dans certains cas, en effet, le pendule refusera de tourner. Un pendule récalcitrant peut être interprété de diverses manières. Si vous débutez, il se peut que vous ne vous soyez pas encore familiarisé avec cet instrument. Ou que vous manquiez de concentration. Mais une absence d'oscillation peut impliquer que vous ayez mal posé la question, ou que vous seul ayez pouvoir d'agir sur la réponse. Il existe malgré tout une part de libre arbitre, même s'il semble qu'il y ait, dans notre existence des "passages obligés".

Cependant, selon la manière dont nous réagirons à l'épreuve, notre destin sera tout différent. En revanche, il peut arriver que vous soyez confrontés à tout autre type de mouvements que le mouvement giratoire souhaité. Votre pendule peut former des losanges, des carrés ou des ellipses. Seul un radiesthésiste chevronné peut interpréter ce type de réactions. Si ce cas de figure se présente, recommencez l'opération.

UN PENDULE OUI... MAIS EN QUELLE MATIÈRE ?

Il existe des pendules de toutes formes et de toutes matières. Certains possèdent des usages spécifiques. Le pendule en cuivre, par exemple, peut convenir aux problèmes de santé (voir le chapitre "Les applications médicales... et leurs dangers !") ou, en radiesthésie active au désenvoûtement ou au dégagement d'ondes nocives. Il peut aussi convenir à la recherche de sources énergétiques polluantes, le cuivre étant un matériau particulièrement sensible à ce niveau. On sait son effet bénéfique, notamment sur les rhumatisants.

Le pendule en cristal conviendra davantage aux recherches effectuées dans le cadre d'une progression spirituelle, ou dans la projection d'une situation harmonieuse, réalisation personnelle... Le pendule en grès sera idéal, quant à lui, pour la "dynamisation", évoquée dans la suite de cet ouvrage et toutes les opérations mettant en jeu la pyramide (voir le chapitre qui lui est consacré).

Voici quelques modèles de très jolis pendules en cristal de roche qui vous permettront d'effectuer des recherches très précises en radiesthésie médicale. (Entre 140 et 290 F)

Ces définitions ne figurent ici qu'à titre d'indications car, en ce domaine, il s'agit avant tout d'une question de "feeling", d'affinités avec l'objet et la matière. Il en va de même en ce qui concerne le poids du pendule. Certains auront du mal à manier un pendule qu'ils estiment trop léger, d'autres éprouveront une telle difficulté avec un pendule d'un certain poids. Lorsque vous vous trouverez dans une librairie ésotérique, n'hésitez pas à demander à "tester" pour déterminer quel est le pendule qui conviendra le mieux à vos exercices radiesthésiques.

Pendule Tikal

Pendule Enel

Pendule Icare

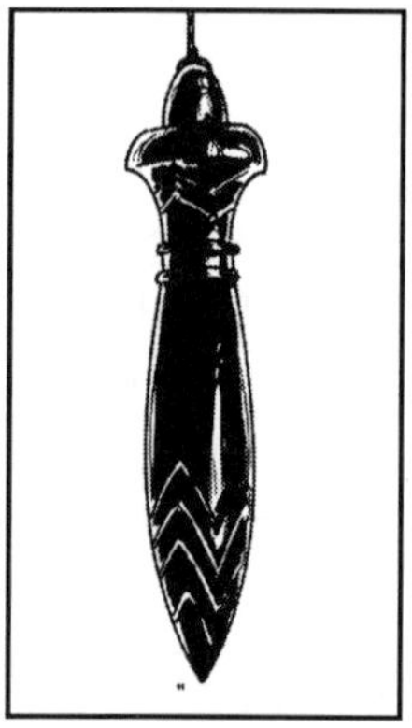

Pendule Egyptien

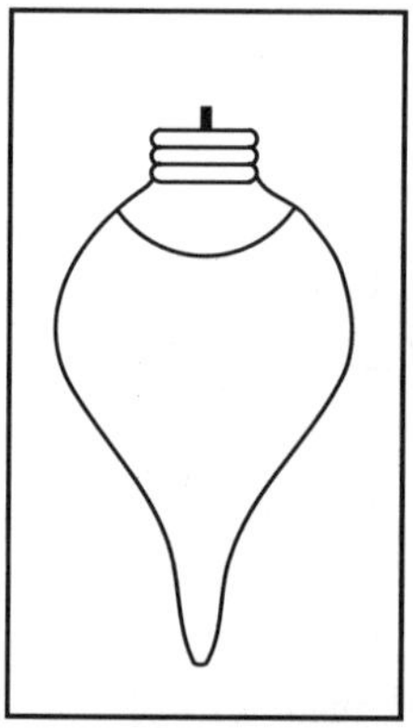

Pendule Abbé Mermet

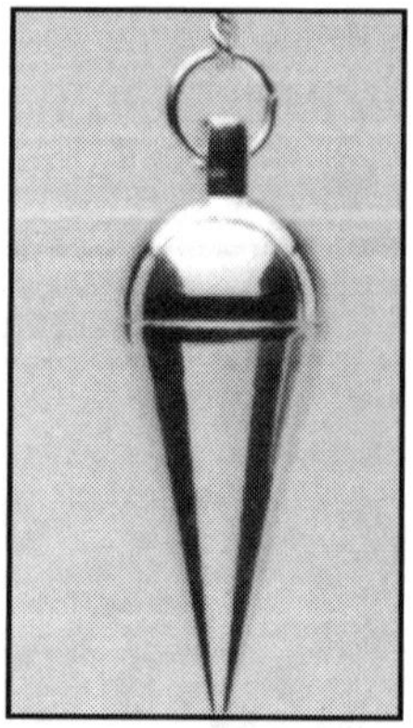

Pendule Cône témoin

VOUS POUVEZ FABRIQUER VOUS-MÊME VOTRE PENDULE...

Il vous reste bien entendu une autre possibilité : celle de fabriquer vous-même votre pendule. Rien n'est plus simple en vérité.

Percez le cochonnet d'un jeu de pétanque, par exemple, au sommet et à la base et introduisez-y un fil de nylon que vous nouerez à l'autre extrémité. Une autre solution consiste à attacher un boulon à un fil ou à une ficelle. Mais une alliance suspendue à un cheveu peut tout aussi bien convenir. Cela peut d'ailleurs vous permettre de personnaliser certains rituels, en fabriquant votre pendule avec un témoin de la personne vers laquelle vous désirez projeter votre volonté. Nous reviendrions plus loin, d'ailleurs, sur cette notion de "témoin".

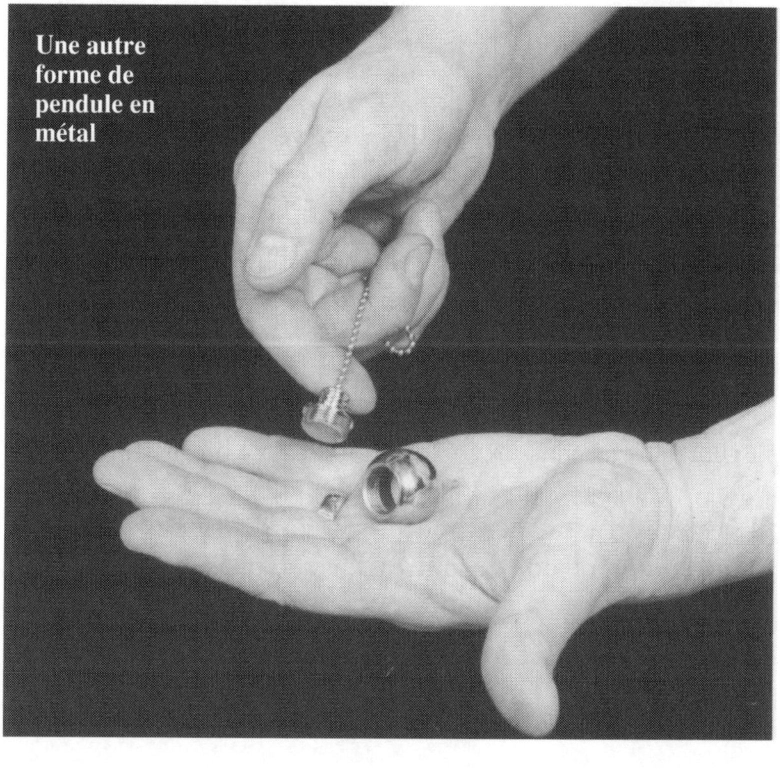

Une autre forme de pendule en métal

Le pendule est, en règle générale, un objet de forme sphérique ou ovale, légèrement pointu à son extrémité inférieure. Son poids varie entre 5 et 25 grammes. Il en existe également d'une quarantaine de grammes. Leur utilisation concerne exclusivement les personnes ultra-sensibles, en premier lieu, car les autres seront gênées par ce poids inattendu, qui risque davantage d'entraver leurs mouvements qu'autre chose.

En second lieu, il sera utile lors des expériences en plein air (recherches de sources, par exemple, ainsi que d'objets ou de personnes disparues). En effet, lorsque vous ne vous trouvez pas dans un lieu protégé, tel votre appartement, votre pendule sera soumis à un grand nombre d'influences extérieures, qu'il vous faudra, tel un écheveau, démêler. Le poids du pendule même réduira considérablement la marge d'erreur et vous permettra d'orienter votre sensibilité dans la direction que vous aurez choisie.

COMMENT TENIR VOTRE PENDULE

La question du maintien du pendule n'est pas aussi superflue qu'il y paraît, à priori. Nombreux en effet sont ceux et celles qui demeurent persuadés qu'il convient de le tenir à l'extrémité du fil. Or, plus le pendule est tenu court, plus son efficacité est grande. Un jeu trop important entraîne des tensions dans la main et une crispation du poignet qui sont susceptibles de fausser vos résultats. Le fil ou la chaîne doivent se trouver en prolongement de l'index. Vous tiendrez le fil à environ trois centimètres du corps du pendule et le maintiendrez à l'aide des autres doigts repliés.

De cette manière, vous obtiendrez le meilleur de cet instrument. Une expérience facile à réaliser montre bien le surcroît d'impact d'un pendule tenu court. Prenez deux feuilles de papier. Sur chacune, vous tracerez une spirale. La première partira vers la gauche, la seconde vers la droite. Placez votre pendule au centre de la première spirale, en tenant l'extrémité du pendule du bout des doigts. Pratiquez de même sur la seconde figure. Raccourcissez à présent votre pendule et renouvelez l'opération. Vous constaterez aussitôt une giration plus rapide dans le sens défini par la spirale, c'est à dire nécessitant de votre part une fatigue et un temps de recherche moins importants*.

DIS, COMMENT ÇA MARCHE ?

Pour les détracteurs du pendule, la giration ne serait due qu'à un mouvement involontaire du poignet, induit par notre volonté, et nous permettant d'obtenir ce que nous avons envie d'entendre.

Bien entendu, il arrive qu'il en soit ainsi, et les radiesthésistes débutants devront se méfier de conclusions trop hâtives. Mais, confronté à l'ensemble des résultats obtenus en radiesthésie, cette hypothèse manque singulièrement d'objectivité.

Comment, en effet, expliquer la définition très précise d'une situation dont on ne connaît rien ? Ou les réponses face à une question sur laquelle nos a priori sont nuls ? Reste le "clan des scientifiques", qui parlent d'ondes, de vibrations et tentent d'expliquer le mouvement scripto-pendulaire par une émission vibratoire dont la nature demeure bien floue.

Il est certain, à leur décharge, que cet élément peut jouer en présence "d'émissions de forme", terme préconisé par le regretté Jean de La Foye, et que nous préférons à celui d' "ondes de forme" généralement utilisé.

* Lire du même auteur : "Le miracle du Pendule"

En présence de certaines structures, de certaines formes géométriques, de certains volumes tels que la pyramide ou le dodécaèdre, en présence de certaines architectures sacrées, qu'il s'agisse de la cathédrale de Chartres ou du Tarot de Marseille, tous deux construits selon "La divine proportion" chère aux peintres de la Renaissance, en présence de ces éléments disions-nous, le pendule est soumis à un champ électromagnétique (voir le chapitre consacré aux ondes nocives). Mais à quelles ondes et pourquoi un pendule réagirait *ex nihilo*, si ce n'est à nos ondes cérébrales, dont l'existence est démontrée par l'encéphalogramme ?

LES SUPERSTITIONS MAL PLACÉES DES THÉORICIENS "SCIENTIFIQUES" DU PENDULE

Comme je l'ai d'ailleurs noté dans *Le miracle du pendule*, les partisans de la "théorie scientifique" ne sont guère exempts de superstition. Ainsi font-ils retirer à leurs patients tout objet métallique, ainsi que les montres à quartz, dont la présence gênerait la manifestation des ondes. L'une de mes clientes dut se soumettre à pareil traitement chez un radiesthésiste chevronné, dont les résultats s'avérèrent, par ailleurs, étonnants de justesse. Ce radiesthésiste cependant, ignorait un "point de détail" : ma cliente portait, depuis des années, et par conséquent, bien sûr, le jour de la consultation, un "pacemaker", nécessité par des problèmes cardiaques... objet qui s'apparenterait davantage au métal qu'au bois, au cristal ou à n'importe quelle pierre précieuse ! Cette expérience prouve au moins une chose : c'est que les superstitions scientistes n'ont que peu à voir avec la vraie science ! Il est parfois dangereux, et bien plus sujet à caution, de désirer à tout prix "rationaliser", en formant une sorte de salade niçoise des théories scientifiques les plus audacieuses, ce que l'on ne comprend pas. La radiesthésie n'a que faire de ces justifications.

LA THÉORIE DU "RÉFLEXE NEURO-MUSCULAIRE" DU RÉVÉREND PÈRE JURION

Lancer à tout va une "théorie scientifique" que l'on érige en système, et dont l'inadéquation au problème traité peut être aisément démontrée, est bien plus nuisible à l'art du pendule qu'une absence d'explication.

Le sage dit : "Je sais que je ne sais rien." Je pencherais davantage, quant à moi, pour la théorie du Révérend Père Jurion, qui fut l'un de mes maîtres. Cet ecclésiastique particulièrement ouvert part du principe que le langage n'étant pas le seul mode d'expression, notre corps peut traduire sa sensibilité à certains signaux, en un ensemble de réflexes dont le principal est d'ordre neuro-musculaire.

Nous nous exprimons en effet par le visage, par les mains, par les yeux, par l'ensemble de notre attitude physique. Un pianiste, par exemple, va parcourir son clavier à une vitesse prodigieuse, parce que chaque note de la gamme va provoquer un réflexe de ses doigts.

De même, le pendule demeure très rarement statique. Il est sensible à nos émotions, à nos stress, à nos problèmes psychologiques ou physiologiques (ce qui nous amène d'ailleurs à déconseiller son usage lorsque vous êtes dans une forme très relative, particulièrement en ce qui concerne les projections, domaine sur lequel nous revenons à de multiples reprises dans cet ouvrage).

On peut affirmer d'une certaine manière que l'information, ou les informations, puisée dans notre inconscient ou dans celle de la personne qui nous fait face, provoque un réflexe neuro-musculaire.

L'INCONSCIENT COLLECTIF ET LA THÉORIE DE LA SYNCHRONICITÉ

De même que le langage est la manifestation du conscient, le pendule exprime la manifestation de l'inconscient. Nous ne parlerons pas ici de l'inconscient collectif cher à C.G. Jung. Évoquons cependant brièvement la théorie de synchronicité chère aux adeptes du Tao comme aux modernes physiciens. Cette théorie spécule qu'il n'est pas dans l'univers de chose qui ne soit en rapport avec une autre. Nous ne pouvons accomplir une action, aussi peu importante puisse-t-elle nous sembler, sans que cette action ait une influence, une conséquence, sur l'ensemble de la communauté planétaire. Tous les éléments constituants correspondent entre eux, émettent des signaux, qui demeurent ou non au niveau du conscient. La masse énorme d'informations que nous recevons ainsi nous oblige à effectuer un tri préalable. Le pendule nous amènerait à élargir notre éventail et à puiser dans ces informations la réponse à notre question. Il ne s'agit là, bien sûr, que d'une théorie. Aussi intéressante nous semble-t-elle, elle ne constitue en aucun cas un dogme.

QU'APPELLE-T-ON "CONVENTION MENTALE" ?

Vous avez beau interroger votre pendule, vous concentrer avec toute la rigueur nécessaire sur la question dont vous attendez une réponse favorable ou défavorable, impossible d'obtenir de la part de votre instrument l'ombre d'une réponse ? C'est que vous n'êtes pas coutumier de cette espèce-là de réflexe neuro-musculaire, trop axé sur votre vie extérieure pour dynamiser votre vie intérieure. Rien ne vous empêche, à l'instar des sportifs qui pratiquent des échauffements musculaires, de lancer votre pendule vers l'avant, perpendiculaire à votre corps. Tricherie ? Non, car vous aurez la surprise de constater qu'aussi puissamment que vous l'ayez lancé vers l'avant, votre pendule s'arrêtera brusquement au milieu de son mouvement, pour osciller vers la droite ou la gauche. Même des radiesthésistes chevronnés n'hésitent pas à recourir à cette méthode. Mais peut-être n'avez-vous pas auparavant fixé de convention mentale ? Celle-ci est essentielle pour le bon déroulement de vos exercices. Il s'agit de définir, avant toute opération, la signification de chaque giration. Nous avons vu que les girations étaient essentiellement de deux types : vers la droite ou vers la gauche. Dans le domaine de l'investigation, il peut en exister un troisième : transversal ou perpendiculaire. Mais ceci concerne essentiellement les calculs de probabilité effectués à l'aide d'une règle graduée (voir à ce sujet le chapitre "voyance") ou le choix exercé entre plusieurs objets. En ce cas, la convention mentale sera différente. Nous y reviendrons.

LA CONVENTION MENTALE, MODE D'EMPLOI

Vous établirez, par exemple, qu'une giration vers la droite signifiera une réponse positive, alors qu'une giration vers la gauche serait à interpréter comme une réponse négative. Si vous devez déterminer la nocivité ou non nocivité d'un objet ou d'une personne, deux types de conventions mentales sont possibles : la première consiste à poser la question "Cette personne (ou cet objet) est-elle négative pour moi ?" assortie de votre convention mentale, qui pourra, principalement dans un premier temps, dans le cadre d'exercices "en solitaire", être exprimée à haute voix. La seconde convention mentale est de décider que le pendule s'orientera vers la gauche, si l'objet ou la personne est source de nocivité et vers la droite si ce n'est pas le cas.

Vous remarquerez d'ailleurs (c'est un point que nous approfondirons dans notre chapitre consacré aux ondes nocives) que dans cette perspective, le pendule oscillera plus ou moins nettement. S'il gire à très grande vitesse, de manière très affirmée, c'est que la nocivité ou la positivité est très forte. S'il gire faiblement, c'est qu'elle n'est pas aussi importante que vous pouvez le supposer. Là encore, vous pourrez avoir recours à une règle graduée, afin d'en déterminer précisément le pourcentage.

LES "ANTI-CONFORMISTES" DU PENDULE ET POURQUOI ILS SE TROMPENT...

Point n'est besoin de grandes phrases, phrases complexes ou "à rallonge" pour établir votre convention mentale. Précisez simplement, après l'avoir décidé, au moment de votre question "oui à droite, non à gauche". Certains croient bon de pratiquer une convention mentale inverse, mais la première méthode nous semble plus probante. D'une part, parce que cette convention demeure d'une pratique plus simple, le sens "positif" étant celui des aiguilles d'une montre, par conséquent d'une mémorisation facile. De l'autre, parce que par rapport à la position de notre corps, une giration vers la gauche représente un recul et une giration vers la droite une avancée. Un recul est rarement positif. Nous laissons donc ces "anti-conformistes" totalement responsables de leur façon d'agir.

Dans les questions de voyance comme d'influence à distance, le témoin demeure aussi important que la convention mentale. Un témoin, comme l'indique son nom, est un objet qui témoigne de la présence effective de la personne ou entreprise (s'il s'agit d'un sujet ayant rapport à la vie professionnelle), voire sur les domaines d'exploration, sur lesquels on travaille ou l'on interroge. Pour prendre un exemple cher aux mystiques, nous prendrons l'hostie des églises.

POUR UTILISER LES TÉMOINS, IL EST NÉCESSAIRE DE PRATIQUER LA PENSÉE SYMBOLIQUE

Certains athées ricanent de ce que l'on doive considérer *réellement* ce morceau de pain azyme comme un fragment du corps du Christ. C'est oublier qu'une telle identification constitue la fondation même de tout acte symbolique. Il est en ce sens essentiel que l'hostie soit réellement le corps du Christ au moment où nous l'absorbons. Pour prendre un exemple plus "rationnel" citons une expérience de bio-énergie. Il s'agit de taper dans un oreiller afin d'exprimer sa violence envers une personne ou une situation, pour ne pas se laisser enfermer par elle. Il est capital qu'au moment où l'on tape dans l'oreiller, celui ci, aussi paradoxal que cela puisse paraître, soit réellement la personne ou la situation qui engendre notre rage. Autrement, l'exercice serait dépourvu de sens et d'efficacité. Attention : identifier perpétuellement l'oreiller en question à cette personne relèverait de la folie. Il s'agirait plutôt du jeu du "comme si" des enfants. Mais ce "comme si", à leur manière, doit être exécuté avec le plus grand sérieux. Sans pour autant se prendre au sérieux.

TÉMOINS CORPORELS, TÉMOINS OBJETS ET TÉMOINS PAPIERS...

Les témoins peuvent être de plusieurs natures : éléments ayant appartenu à la personne, l'entreprise ou autre dont il témoigne.

Éléments corporels : ongles, cheveux, etc. Objets leur ayant appartenu ou les représentant au mieux : mouchoirs, vêtements imprégnés de leur odeur, échantillon de parfum utilisé par la personne en question, miniature de la voiture dans laquelle elle roule, sigle d'une entreprise, par exemple sous forme de porte-clés, de cendrier ou de boîte d'allumettes à l'effigie de la dite entreprise, ou tout objet susceptible de représenter à vos yeux son type d'activités, représentation d'un organe s'il s'agit de radiesthésie médicale (voir ce chapitre), etc.

Témoins papiers enfin. Il s'agit d'inscrire un nom ou une situation, correspondant avec le problème qu'on désire résoudre, sur un bout de papier, ouvert ou fermé (certaines personnes s'avèrent déconcentrées par la vision de leur propre écriture, ce qui entrave la qualité du réflexe neuromusculaire étudié plus haut). Une fois la convention mentale établie, on placera le pendule en surplomb de ce témoin, représentant la personne, à la manière dont on peut remplacer quelqu'un à une réunion et le représenter.

QUAND LE TÉMOIN EST LE PENDULE LUI-MÊME...

Nous avons vu que, dans certains cas, le témoin peut être le pendule lui-même, pour une opération ponctuelle. On peut dire d'une certaine manière que c'est le cas, au niveau du type de problèmes traités, pour ce qu'on nomme les "pierres de protection" montées en pendule, ce qui peut également être le cas de certains talismans ou, dans certains cas, d'inclusions contenant une représentation de notre animal totémique ou d'une personne spécifique. Penchons-nous un instant sur ces pierres protectrices. L'agathe est un minéral favorable à toutes les personnes dont le succès dépend de leurs prestations vocales et de la conviction qu'elles placent dans cet organe. Il est bien entendu recommandé aux orateurs et aux chanteurs, mais également aux personnes dont le métier touche à la communication. Il peut être utilisé pour connaître l'issue (ou la provoquer) d'un entretien professionnel ou amoureux. Il est entendu que ces pierres peuvent : soit constituer le corps du pendule, soit être utilisées à la manière de témoins. Cette précision est importante en ce qui concerne la magnétite ou pierre d'aimant, réputée attirer l'amour sur ceux qui l'utilisent. Elle pourra également servir à toute question d'ordre amoureux. L'améthyste conviendra davantage à ceux qui effectuent une recherche d'ordre spirituel (voir ce chapitre) ou une démarche favorisant leur épanouissement. Elle clarifie le jugement. Il est donc clair que son utilisation s'impose dans le cas d'affaires embrouillées. L'aventurine est la pierre des chercheurs, de tout individu en quête. Ainsi, toute personne éclairée par un but, par une passion et souhaitant la concrétiser pourra avoir recours à cette pierre.

DYNAMISER LES CHAKRAS PAR L'INTERMÉDIAIRE D'UN TÉMOIN

Le cristal de roche se destine à l'épanouissement des facultés psychiques. Ceci concerne non seulement la spiritualité au sens le plus large du terme, mais également l'intellect. Dans le cadre d'une radiesthésie active, on peut y avoir recours pour la réussite d'examens. Et, bien entendu, pour l'ouverture des chakras. Cette dynamisation peut d'ailleurs s'effectuer sans passer directement par le corps, ce qui n'est pas sans conséquences lorsqu'on n'est pas un expert en cristallothérapie, mais par l'intermédiaire d'un dessin témoin. Qu'importe s'il est grossièrement tracé, ce qui compte c'est que chacun des chakras occupe la place qui lui est dévolue.

La fluorine est une pierre utilisée pour l'apaisement, l'apport d'énergie. Elle donne une grande force spirituelle et nous donne celle d'affronter nos ennuis face à face et de les résoudre. Elle sera donc utilisée pour trouver la solution à un problème qui nous mine. Du moins dans la perspective de l'utilisation de pierres protectrices.

La cornaline est réputée pour chasser les miasmes astraux et procurer de la chance aux jeux. On pourra donc l'utiliser pour les gains. Mais sachez que cette opération n'est pas possible dans tous les cas de figure. N'oubliez pas de poser préalablement la question à votre pendule du bien-fondé d'une action dans ce sens à ce moment précis.

ÉCARTER TOUT DANGER D'ENVOÛTEMENT ET ÉLOIGNER LES RISQUES DE PROCÈS

Le rôle attribué à l'**hématite** est de redonner du courage et de permettre de gagner des procès. Elle sera donc au premier plan des opérations ou investigations dans ce sens.

Le **jaspe** ouvre également les portes de la réussite et nous permet de trouver les mots qu'il faut. Il peut convenir en ce sens à la rédaction d'une lettre sous pyramide (voir ce chapitre à ce sujet). On peut également, à cet égard utiliser la **malachite,** afin d'éviter un procès. Cette pierre est propice au domaine des affaires et constitue une sorte de talisman d'amour. **L'obsidienne** écarte tout danger lié aux mauvais esprits, aux envoûtements volontaires ou non, voire à l'auto-envoûtement.

Il y a quelques années, en Égypte, un de mes amis avait calmé une jeune médium, entrée dans une transe particulièrement négative, en posant sur son front une pierre d'**obsidienne**. La médiumnité a également ses revers, si nous ne savons pas élever de barrière contre les influences pernicieuses.

La rhodonite renforce des liens affectifs existant. Elle peut permettre de dynamiser une relation, ou d'amener une situation latente à se concrétiser. Dans le domaine de l'investigation, un pendule en **rhodonite** permettra d'explorer l'angle sous lequel aborder une personne pour mieux parvenir à nos fins et limiter au minimum le risque d'un refus.

UN EXERCICE QUI VOUS PERMETTRA D'OBTENIR DES RÉSULTATS RADIESTHÉSIQUES PLUS RAPIDES ET PLUS FIABLES

Le **lapis-lazuli** enfin est efficace contre la solitude, tant amoureuse qu'amicale. Il permet en outre, si nous en éprouvons la volonté, d'accéder à une sorte de sagesse. Il conviendra donc à toute forme d'interrogation relevant de ce domaine ainsi qu'à la radiesthésie active pratiquée selon cette orientation.

Si vous n'êtes pas familiarisé avec le mouvement giratoire, un exercice vous permettra de rendre cet exercice plus agréable et plus facile à réaliser. Étendez-vous confortablement sur le sol. Pourquoi sur le sol et non sur votre lit ? Parce que vous ne devez pas confondre sommeil et relaxation, et réserver un endroit à ce seul effet.

Vous allez visualiser une horloge, face à vous. Le 12 en haut, le 6 en bas, le 3 au milieu du côté droit, le six en face. A présent, la petite aiguille va tourner. De midi à trois heures, puis de trois à six, de six à neuf, de neuf à douze. Parvenu à ce point, le sens de l'aiguille va s'inverser. Vous redescendrez vers neuf, six, trois.

Dans un premier temps, cet exercice sera strictement d'ordre mental. Vous vous contenterez de visualiser, sans chercher à suivre le mouvement par une quelconque partie de votre corps. Puis, lorsque vous aurez maîtrisé ce premier pas, vous accompagnerez votre giration, les yeux toujours fermés, avec vos globes oculaires. Si l'exercice vous semble, dans un premier temps, insurmontable, car ce genre de pratique n'est guère dans nos habitudes, avec un peu de persévérance, croyez-moi, vous y parviendrez.

MARCHER A LA BAGUETTE !

Cette méthode s'apparente à ce que l'on nomme " le yoga des yeux ". D'une part, elle est excellente pour l'amélioration de la vue (ce qui ne veut pas dire qu'elle "guérira" instantanément les myopes, même si elle peut y aider... ne me faites pas dire ce que je n'ai pas dit !), de l'autre elle constitue une ouverture non négligeable du point de vue de l'apprentissage de la radiesthésie. Si nous n'abordons qu'en tout dernier lieu la question des baguettes, c'est que le nombre d'opérations qu'elles permettent demeure relativement limité, même si elles font partie intégrante de l'histoire de la radiesthésie et lui ont, dans certains cas, permis de se crédibiliser auprès d'éminences scientifiques en état d'ouverture. Il est rare, dans nos modernes civilisations, que nous ayons l'occasion de chercher des sources d'eau. Quant au pétrole, il reste peu probable que vous en trouviez en Lozère et se balader en ville avec ce genre d'instrument risque de vous mener tout droit à la camisole de force ! Certains affirment que les baguettes réagissent à tout type d'anomalie dans le sol et peuvent permettre de détecter des trésors. Il ne vous coûte rien d'essayer, mais nous vous souhaitons bon courage !

DANS LES RECHERCHES DE PERSONNES DISPARUES, LA BAGUETTE S'AVÈRE, SUR LE TERRAIN, PLUS EFFICACE QUE LE PENDULE !

Est-ce à dire que la fameuse baguette est tout à fait inutile par les temps qui courent ? Que nenni ! Son utilité réside dans trois points : la recherche de points d'eau peut alimenter agréablement une promenade dans un lieu peu fréquenté. Leur découverte, en outre est source de fierté pour le radiesthésiste débutant, qui pourra de cette même manière, développer sa sensibilité radiesthésique. Le second point concerne la recherche de personnes disparues. Les recherches sur le terrain se sont généralement montrées plus efficaces avec la baguette qu'avec le pendule. Ces recherches doivent être le fait d'un radiesthésiste chevronné. Il ne s'agit pas, en l'occurrence, uniquement de savoir faire. Autant il reste possible de se promener tranquillement avec un pendule, que l'on rangera à la première occasion, en présence d'un opportun. Autant déambuler avec une baguette radiesthésique est un acte qui ne manquera pas de susciter l'attention, fut-ce dans un lieu que vous croyez désert. Ce qui signifie bien sûr qu'on ne peut qu'être au courant de vos recherches et que, moins qu'un autre, vous posséderez le droit à l'erreur. Vous n'avez pas le droit d'alimenter un espoir que vous n'êtes peut-être pas en mesure d'assumer.

SI VOUS N'AVEZ PAS UNE LONGUE EXPÉRIENCE RADIESTHÉSIQUE DERRIÈRE VOUS, OPTEZ PLUTÔT POUR LA RECHERCHE SUR PLAN

Un échec ou une erreur d'interprétation pourrait avoir des répercussions psychologiques graves sur la famille et les amis de la personne disparue. Si vous n'avez pas derrière vous une expérience radiesthésique poussée, sachez qu'une recherche sur plan, plus discrète, suivie d'une éventuelle investigation de terrain au pendule dans la zone ainsi repérée peut aboutir aux mêmes résultats, sans prendre de risques aussi démesurés. Le troisième point, c'est bien sûr la détection d'ondes nocives et de nœuds du réseau Hartmann, bien connu des spécialistes de la Géobiologie (étymologiquement l'étude organique de la terre). En leur présence, votre baguette se mettra à vibrer. C'est de fait la seule activité liée à cet instrument qui ne se pratique pas en plein air, mais d'ordinaire à l'intérieur de votre appartement ou à proximité. Nous reviendrons plus amplement sur ces différents points dans notre chapitre consacré aux ondes nocives et à la Géobiologie.

COMMENT FABRIQUER VOUS-MÊME VOTRE BAGUETTE EN "L" A PARTIR D'UN CINTRE EN ACIER

Il existe deux formes de baguette : en forme de L et en fourche à deux branches, c'est à dire ressemblant à un V inversé. Si cette dernière (la classique "baguette de sourcier" de nos grands pères) est presque exclusivement en bois, la première peut en revanche être constituée de toutes sortes de matière. Ce type de baguettes s'utilise par paire, contrairement à l'incontournable baguette en V. La méthode la plus simple pour construire une baguette en L est d'utiliser un cintre d'acier. Cette opération est fort bien décrite par Tom Graves dans son ouvrage *Techniques de la radiesthésie moderne* (Éditions America) : *Prenez-en un (de cintre) et coupez la tige du bas à une extrémité avec une paire de tenailles ou de cisailles. Coupez le bras opposé à environ douze centimètres de l'angle, séparant ainsi le cintre en deux ; ne conservez que la partie sans crochet. Redressez la petite branche à angle droit par rapport à la grande tige. (Garnissez chaque extrémité de la baguette avec du ruban adhésif ou quelque chose de similaire, afin d'éviter d'éborgner quelqu'un). Procédez de la même manière avec l'autre cintre. Vos deux baguettes à angle droit en forme de L sont*

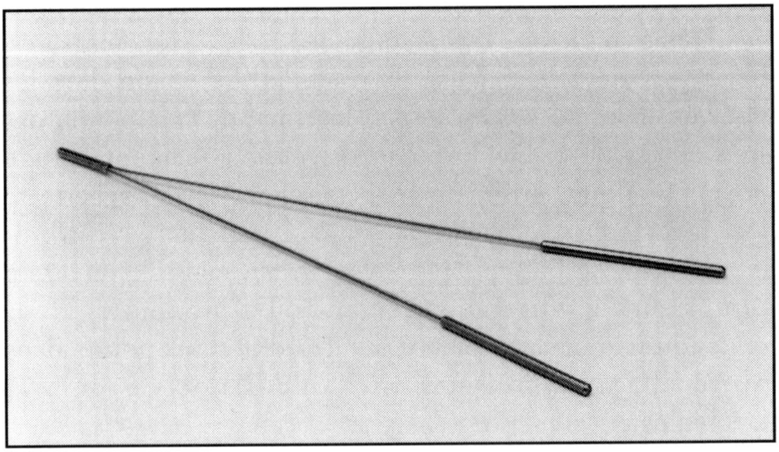

prêtes.. Vous tiendrez vos deux baguettes par la partie la plus courte du L, que vous pouvez revêtir de bobines de fils assemblées qui laisseront suffisamment de jeu pour ne pas altérer la sensibilité radiesthésique.

UN EXERCICE QU'IL VOUS FAUT ABORDER AVEC LA PLUS GRANDE DÉCONTRACTION

Vous ne devez pas serrer trop fort les extrémités. Juste ce qu'il faut. Vous avez à présent une baguette dans chaque main, respirez lentement, laissez vos bras pendre à quelques centimètres de votre corps. Vous devez aborder cet exercice comme ceux qui vont suivre avec la plus grande décontraction, la baguette étant un instrument extrêmement sensible, à qui votre stress pourrait communiquer une fausse information.

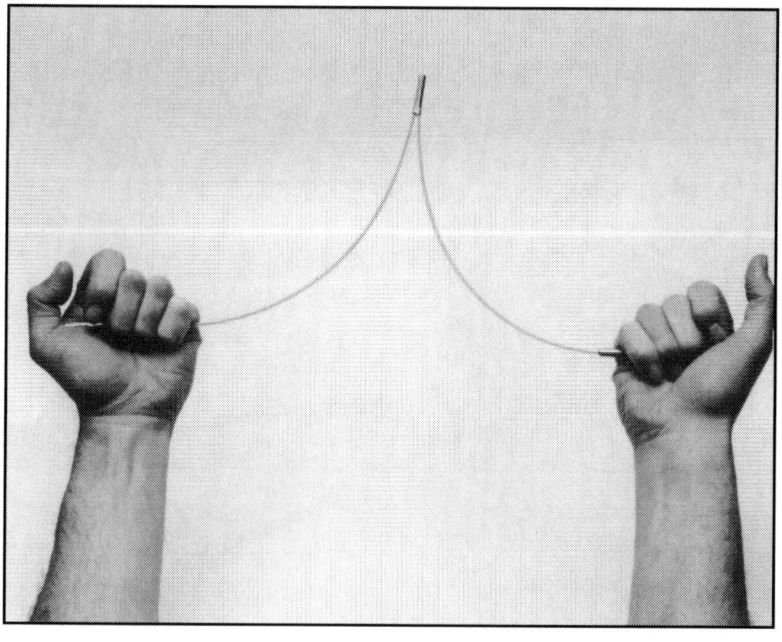

L'abbé Bouly, l'un des pionniers de la radiesthésie

Chapitre Deux

PETITE HISTOIRE DE LA RADIESTHÉSIE

DE LA RECHERCHE DES TRÉSORS À LA RADIESTHÉSIE DIVINATOIRE... EN PASSANT PAR LA DÉTECTION DES SOURCES ET DES OBUS !

Au cours des âges, pendule et baguette furent utilisés tour à tour pour la recherche des sources, des trésors, des obus, des mines métallifères, avant d'être utilisés à des fins divinatoires, spirituelles et parapsychologiques, revenant ainsi vraisemblablement à leur usage d'origine, lequel date vraisemblablement de l'Antiquité. Nous verrons plus loin ce que pense la Science Officielle de l'usage par les Egyptiens du Pendule, lequel n'apparaît, en clair, quoiqu'on le puisse ailleurs décoder aisément, qu'à la fin du XVIIe siècle, sous la plume du Père Schott qui en mentionne, en 1662, dans son ouvrage Physica curiosa subterranea, l'usage pour la recherche de l'or. En 1749, on en use pour partir en quête des trésors. Mais il faudra attendre encore pour que les radiesthésistes partent à la recherche d'un trésor plus important encore : celui contenu dans le cerveau humain, à travers l'inconscient individuel et collectif.

L'EMPEREUR YU DÉCELE LES CHOSES CACHÉES PAR L'INTERMÉDIAIRE D'UNE BAGUETTE : LA FRESQUE DATE DE L'AN 147... MAIS YU RÉGNAIT, IL Y A 4000 ANS !

Mais retournons quelques siècles en arrière, époque où la radiesthésie marchait essentiellement à la baguette ! La première trace sans équivoque, ne pouvant aucunement relever d'un "délire d'interprétation", que l'on puisse trouver date de l'an 147 de notre ère. C'est un bas-relief. Il nous vient de Chine. On y voit l'empereur Yu, de la dynastie des Hia, une baguette de sourcier à la main. Une inscription nous renseigne amplement sur son usage, précisant que cette baguette sert à déceler les objets cachés. On ne saurait être plus clair ! Et, pour être totalement objectifs et rigoureusement scientifiques, ne nous attardons guère sur le fait que l'Empereur Yu en question appartenait au deuxième millénaire avant notre ère... L'histoire des baguettes connaît ensuite une sorte de trou noir. L'utilise-t-on, comme l'affirment certains, en secret, ou est-elle tout simplement, comme cela arrive parfois, tombée en désuétude ? Nul ne peut le dire avec certitude. Quoi qu'il en soit, la Renaissance voit renaître l'usage de la fameuse baguette, qui investit un nouveau continent : l'Europe, sans que le mode utilisé pour cette immigration soit parfaitement clair. Usage numéro un : la recherche des trésors. Mais la baguette sert aussi à détecter les métaux.

LES POUVOIRS DE LA BAGUETTE RELATÉS À LA RENAISSANCE PAR UN LIVRE MAUDIT ET UN MOINE BÉNÉDICTIN !

Par un de ces détours paradoxaux de l'histoire, ces pratiques nous sont tout à la fois révélées par un livre "maudit" et par un moine bénédictin. On verra d'ailleurs par la suite que les religieux de toutes obédiences ont largement leur part dans l'histoire et l'essor de la radiesthésie, terme, qui, comme nous l'expliquerons plus loin, est une trouvaille sémantique d'un ecclésiastique, praticien et théoricien génial. J'ai nommé l'abbé Bouly. Le livre hérétique, c'est le fameux Dragon rouge, qui date de 1521. Le bénédictin, c'est Basile Valentin. Il ne répertorie pas moins de sept types de baguettes différents. Leurs usagers : les mineurs autrichiens dit-on, pour détecter la présence (ou l'absence) de minerais. Un comble, quand on sait que Luther, l'inventeur du protestantisme, jeta en 1518 l'anathème sur la baguette, qu'il ne considérait pas moins que comme un instrument de communication avec le grand cornu. Rien que ça ! En Saxe, en tout cas, on passe outre, puisque beaucoup de mineurs, radiesthésistes avant même que le terme ne soit inventé, évoqués par Basile Valentin, obtiendront des postes clés à l'Ecole des mines de Freiberg.

ILS DÉCOUVRIRENT PLUS DE 150 GISEMENTS... ET FURENT CONDAMNÉS PAR LE ROI-SOLEIL, QU'ILS AVAIENT SI GÉNÉREUSEMENT SERVI !

Tous ne l'entendent cependant pas d'une oreille aussi tolérante et, dans le grand brassage des fameuses et terribles "chasses aux sorcières" qui, en dépit d'une idée généralement répandue, furent bien plus courantes à la Renaissance qu'au Moyen Age, nul doute qu'il y ait eu nombre de pratiquants de l'art de la baguette, dont nous n'avons pas retenu le nom. La plus célèbre de ces victimes fut le baron de Beausoleil, qui paya de sa vie son dévouement au roi... soleil. C'est au XVIIe siècle naissant que le contrôleur général des mines Pierre de Bernighen amène dans notre bel hexagone Jean du Châtelet, baron de Beausoleil, persuadé que ses services pourraient être de quelque utilité à son seigneur et maître Louis XIV. Il y rencontre son épouse, Martine de Bertereau, qui, telle une Marie Curie avant la lettre, prend fait et cause pour les

L'abbé Montagne, l'un des nombreux ecclésiastiques à s'être intéressés à la radiesthésie, dès la naissance de cette science

Le congrès de radiesthésie de 1934

recherches de son grand diable de mari. Tout se passera à peu près bien tant que le couple s'avérera taillable et corvéable à merci. Quelle aubaine miraculeuse que ces deux oiseaux rares qui, pour la gloire de la patrie et du roi, ne découvriront pas moins de cent-cinquante gisements ! Cristal, charbon, rubis, marbre, turquoise, plomb, soufre, rien ne semble échapper à la sagacité de leur magique baguette. Leurs recherches d'ailleurs dépasseront les frontières. Le couple investigua l'Allemagne, l'Italie, la Suède, pourvu d'un dynamisme inébranlable... mais d'une bourse qui ne l'est guère !

LES JÉSUITES NE CONDAMNENT PAS LA BAGUETTE... SI ELLE TOURNE DANS LES MAINS D'UN HOMME PIEUX ET HONNÊTE !

Les parlements de Toulouse et Bordeaux consacrent officiellement les services rendus au royaume. En 1627, soit vingt-sept ans après l'arrivée en France du baron de Beausoleil. Le roi se fendra même, sept ans plus tard, d'un titre d' "Inspecteur Général des mines" qu'il octroiera généreusement à un baron ruiné par son goût de la recherche ! La baronne de Beausoleil qui, par malheur, ignorait les méthodes que nous décrivons tout au long de cet ouvrage et qui lui eussent permis d'être plus vigilante, la baronne de Beausoleil donc envoie au cardinal de Richelieu un long récapitulatif de leurs états de service. Rien n'y manque, si ce n'est le prix, laissé à la libre appréciation du jury. Celui-ci tranchera en laissant libre cours à la hargne des jaloux, que n'ont pas manqué de susciter les fabuleuses découvertes du couple Beausoleil. Accusés de sorcellerie, les deux inséparables seront pourtant isolés l'un de l'autre. L'un croupit à la Bastille. L'autre est prisonnière à Vincennes. Leur mort fut on ne peut plus discrète. Souvent considérés comme des martyrs symboliques de la Radiesthésie, le couple fut en fait essentiellement victime de la cupidité. De même Galilée ne fut pas condamné pour ses idées, mais pour avoir menacé de les révéler au "*vulgum pecus*"... Le sacrifice de leur vie a néanmoins ouvert une voie, dans laquelle n'hésiteront pas à s'engager les Jésuites, n'encourant pas pour autant (comme c'est curieux !) les foudres de l'église d'alors. Il faut dire qu'ils redoublent de prudence, affirmant reconnaître les possibilités radiesthésiques, à condition toutefois que la baguette tourne dans les mains d'hommes pieux et honnêtes. Pratique du double langage puisqu'en s'affirmant apparemment tolérants dans leur déclaration, ils peuvent de cette manière justifier toutes les intolérances !

LA PREMIERE COLLABORATION CONNUE ENTRE POLICIERS ET RADIESTHÉSISTES DATE DU XVIIE SIECLE !

En 1631, le père Kircher (encore un religieux !) affirme la "sympathie de l'instrument pour les courants d'eau". Découvrir les gisements de minerais ? Le père Kircher n'en a cure ! Quant à lui, il n'y croit guère. C'est de la même époque que date la première collaboration connue entre policiers et radiesthésistes. Fait historique, qui fit l'objet d'un rapport du procureur de Lyon.

Il y est raconté comment ce paysan aisé de la région du Dauphiné suivit à la trace la piste d'un assassin, s'arrêtant aux lieux dans lesquels celui-ci avait séjourné, décrivant avec précision sa place à table, le lit où il avait dormi... Par la suite, Aymar parvint à résoudre de nombreuses affaires criminelles. Force nous est de reconnaître cependant que tous ne relèvent pas de la radiesthésie. Certains meurtriers en effet, terrifiés par l'aspect "surnaturel" des recherches d'Aymar se livraient spontanément à la police. Néanmoins, le "cas Aymar" se propage comme une traînée de poudre, déclenchant tout à la fois un regain de baguettisants, l'intérêt des scientifiques et la hargne des détracteurs. L'abbé de Vallemont publia, en 1707, un ouvrage fort intéressant La physique occulte ou traité de la baguette divinatoire. Le père Lebrun affirme que ces pages sont inspirées par Satan en personne. Il n'en fallait pas davantage, à l'époque, pour qu'un livre soit mis à l'index par le tribunal de l'Inquisition.

UN PROCÉDÉ QUI RELEVE D'UNE CERTAINE MALHONNÊTETÉ INTELLECTUELLE ET DEVENU COURANT CHEZ LES "RATIONALISTES"...

A la même époque, Lalande utilise un procédé qui devait par la suite faire florès et qui relève d'une certaine (malheureusement courante) malhonnêteté intellectuelle. Il met le sourcier Bléton au pied du mur (si nous osons nous exprimer ainsi), le défiant de lui prouver ses capacités.

Bléton se prend au jeu. L'ennui, c'est que la donne est truquée et que Bléton, très naturellement fait chou blanc ! Par ailleurs, signalons que le même Bléton s'était tout de même avéré capable de décrire avec précision le tracé d'une source souterraine. Certains médecins, avant même qu'on envisageât la radiesthésie médicale (il est peu probable, en raison de ses difficultés de manipulation, qu'on eût utilisé la baguette à cet usage !), se sont même penchés sur la radiesthésie.

C'est le cas du Dr Thouvenel en 1780 et de Gerboin, professeur à la faculté de médecine de Strasbourg, qui se font les apôtres d'un nouvel instrument, bien moins encombrant que la baguette (qui possède également ses fans, et dont l'usage se révèle encore fort efficace dans bien des cas) : le pendule. Dans Une force particulière qui existerait dans l'homme", il couche noir sur blanc toutes ses expériences. La radiesthésie y gagne non seulement des adeptes, mais étend également considérablement son champ d'action.

POUR LA PREMIERE FOIS, UN MOT UNIT L'ENSEMBLE DES EXPÉRIENCES LIÉES À LA BAGUETTE ET AU PENDULE : RADIESTHÉSIE !

Si la systématisation, chez les radiesthésistes, de l'usage du pendule, produit une grande révolution, d'autres cataclysmes se préparent, dans le petit univers de la radiesthésie, à l'horizon du XXe siècle. La première sera le fait d'un homme de foi, qui fut aussi un personnage extraordinaire d'humanité et d'énergie, ainsi qu'un radiesthésiste convaincu. L'abbé Bouly, en 1890, invente le mot "radiesthésie", qui devrait faire frémir les étymologistes et sémanticiens distingués, puisqu'il s'agit de l'union d'une racine latine et d'une racine grecque ! En effet "radiesthésie vient du latin *radius* et du grec *aisthêsis*. Le premier mot signifie "rayon", terme dont les radiesthésistes de l'époque usèrent et abusèrent, et auquel aujourd'hui beaucoup préfèrent celui de "vibration" ou d' "onde". Le second mot se traduit par "sensibilité", et on ne peut nier qu'elle soit nécessaire à l'utilisation du pendule ou de la baguette. La naissance de ce mot est passionnante à plus d'un titre. En premier lieu, parce qu'elle joue un rôle unificateur, réunissant sous ce terme l'ensemble des expériences mettant en jeu baguette ou pendule.

DES EXPÉRIENCES STUPÉFIANTES QUI CONVAINCRONT LES SCIENTIFIQUES LES PLUS SCEPTIQUES !

La seconde révolution aura lieu peu de temps avant la Première Guerre mondiale, dans laquelle l'abbé Bouly s'illustrera de la manière que nous verrons. Les sourciers et baguettisants se réunissent et s'organisent. Septembre 1911 voit naître le premier congrès des sourciers, à Hanovre, en Allemagne. Pourquoi "sourciers" et non "radiesthésistes", puisque les personnes réunies, même si on s'en tient stricte-

M. Lambert, le fondateur de la Maison de la radiesthésie,
a reçu l'hommage de nombreux admirateurs, parmi lesquels
de nombreuses personnalités. Ci-dessus, celui du colonel Moreau

Hommage du vicomte Henry de France à M. Lambert

ment aux baguettisants, ne sont pas seulement en quête de sources ? Tout simplement parce que le terme ne fut officialisé qu'en 1922, date de la création de l'Association française et internationale de radiesthésie. En 1913, soit deux ans après le premier congrès du genre, le Congrès international de psychologie expérimentale invite les "pré-radiesthésistes" de tous poils à se joindre à eux pour faire la démonstration de leurs capacités. Mais ici, point de pièges, d'expériences truquées comme avec Bléton. Chacune des deux parties est de bonne foi. Certains scientifiques, présents au congrès, partent contre... et reviennent pour !

LA RADIESTHÉSIE PERMET, PENDANT LA PREMIERE GUERRE MONDIALE DE DECOUVRIR D'AUTRES TYPES DE MINES : DES OBUS !

Il faut dire que les expérimentateurs possèdent des atouts convaincants. Découvrir des galeries souterraines, jusqu'alors ignorées, a de quoi débouter le plus sceptique ! C'est ce que fera l'un des participants, en explorant radiesthésiquement les couloirs qui relient entre elles les grottes de Lacave, dans le Lot. Un événement plus tragique mettra à contribution bon nombre de praticiens de la baguette et du pendule : la Première Guerre mondiale. On peut affirmer que l'abbé Bouly sauva, avec ces instruments-là, bien des existences humaines. Il découvrit, grâce à ce procédé, des obus dont purent s'occuper les services de déminage. Il ne fut d'ailleurs pas le seul (loin de là !) à offrir ses services à l'armée française. Parallèlement, l'Allemagne utilise également les pouvoirs radiesthésiques. C'est ainsi qu'ils fixeront l'emplacement le plus stable pour la Grosse Bertha, ce redoutable engin de mort. C'est surtout la vie qui motive l'abbé Bouly, qui saura ouvrir une à une les portes de la radiesthésie : celles de la médecine entre autres. Son diagnostic est infaillible. Il identifie des cultures de microbes en éprouvette, exploit dont peu de radiesthésistes, même doués, sont capables. Il écrit, découvre, innove, ouvre de multiples voies à la recherche. Il saura faire de la radiesthésie un art populaire, à mille lieues des premiers sourciers et des accusations de "sorcellerie" qui leur étaient prodiguées. Il donne en quelque sorte à la radiesthésie des "habits neufs" dont elle avait bien besoin, la dépouillant de toute superstition, tentant même de l'orienter vers un terrain plus scientifique.

L'ABBÉ MERMET OUVRIRA À LA RADIESTHÉSIE UN NOUVEAU CHAMP D'INVESTIGATION : CELUI DE LA VOYANCE ET DE LA MÉDIUMNITÉ

Une autre figure remarquable est celle de l'abbé Mermet qui, dans la première moitié de ce siècle, ouvre une nouvelle perspective, jusqu'alors peu explorée : celle de la voyance radiesthésique. D'une certaine manière, la radiesthésie y perd en impact scientifique et en crédibilité (la voyance est encore aujourd'hui un sujet tabou, qui dérange bien des bonnes consciences !) ce qu'elle gagnera en reconnaissance publique et en richesse d'exploration. En fait, l'abbé Mermet ne nous expose rien de moins que le dilemme auquel nous nous trouvons confrontés en cette fin de siècle : après avoir effectué de prodigieuses avancées techniques, où en sommes-nous de l'homme ? Cependant, notre ecclésiastique de génie ne se contente pas d'exposer des théories. Il est fervent praticien du pendule et ses voyances demeurent d'une exceptionnelle qualité. Il n'est somme toute pas si curieux qu'un nombre important d'hommes d'église ait jalonné l'histoire de la Radiesthésie. Le pendule n'obéit-il pas à un concept binaire : positif et négatif, Bien et Mal ? Mon initiateur, le Révérend Père Jurion affirmait, dans "Les pouvoirs du pendule" (Tchou/Laffont) : "La radiesthésie est un test, un contrôle. La radiesthésie est une faculté, basée sur une sensibilité neuromusculaire qui, grâce à un réflexe conventionnel, permet par le langage intérieur, de prendre conscience de la pensée inconsciente qui chemine en nous, à notre insu."

Livres et revues se multiplient à la vitesse de la lumière. En 1954, le Congrès des radiesthésistes donne même sa bénédiction à la création d'un Syndicat National des Radiesthésistes. La Radiesthésie aurait-elle cessé de sentir le soufre ? Lors de ce congrès, de nombreux cas furent exposés, dans lesquels des radiesthésistes eurent raison contre les instances officielles. Le plus souvent dans le cas de forages de puits. Devant l'insistance de radiesthésistes chevronnés, on creusa, contre l'avis des spécialistes... pour trouver en abondance une eau qui, officiellement, n'y figurait pas ! Avec le succès naissent parfois les contradictions et les querelles de clochers.

POUR LES "PHYSICIENS", TOUT EST QUESTION D'ONDES, POUR LES "MENTALISTES", TOUT SE JOUE EN TERME D'INCONSCIENT...

Dans un premier temps, alors qu'il ne s'agissait que de prouver l'existence du phénomène, sa causalité première apparaissait pour secondaire. D'autant plus secondaire, d'ailleurs, que le manque d'avancée des sciences limitait fortement le nombre des explications possibles. Avec les énormes progrès de la physique (notamment quantique et micro-vibratoire), nombre de radiesthésistes voulurent donner un tour plus "sérieux" à leur art. C'est l'école des "physiciens" de la radiesthésie.

Pour eux, tout est question d'ondes, dont le pendule n'est qu'un récepteur. Cette école devait permettre l'émergence d'une discipline nouvelle : la radionique. Celle-ci, à partir d'appareils plus ou moins sophistiqués, capte et retransmet les ondes. Certains de ces appareils font même appel à l'électricité. Leur usage n'est pas anodin et une mauvaise utilisation peut s'avérer extrêmement perturbatrice pour le praticien. Elle permet cependant d'obtenir des résultats étonnants dans de nombreux domaines.

L'école des mentalistes, au contraire, attribue les mouvements du pendule aux capacités de l'esprit humain, et à un lien direct entre conscient et inconscient. Mon maître le Révérend Père Jurion était un "mentaliste" convaincu, comme nous avons pu le voir à travers sa définition de la radiesthésie. Quoi qu'il en soit, les deux écoles obtiennent des résultats sensiblement (c'est le cas de le dire !) identiques.

DE LA DÉCOUVERTE DE LA RADIONIQUE À LA RECHERCHE SUR PLANS

On pourrait objecter pourtant que l'émergence de la radionique semble prouver la supériorité de l'école physicienne. En réalité, il n'en est rien puisque, comme nous le verrons, le pendule peut être utilisé de manière active et permettre des projections de nos forces volitives dans un but de construction, de fécondation de l'événement.

Cependant, excepté si l'on se réfère aux théories de C.G. Jung sur l'inconscient collectif, à moins bien sûr qu'il ne s'agisse là d'un point de fusion et de rencontre entre les deux écoles en présence, il semble difficile d'expliquer par l'école mentaliste le phénomène de recherche à distance, également désigné sous le nom de téléradiesthésie ou recherche sur plans.

Si ce type d'expériences ne s'est popularisé qu'au cours de notre XXe siècle, il ne date cependant pas, contrairement aux apparences, d'une époque si récente que cela. En effet, dès 1835, l'abbé Paramelle s'intéresse à ce type de recherches très particulier. Il va même jusqu'à en démontrer les tenants et aboutissants au vicaire général de l'évêché de Poitiers.

M. Lesourd, un pharmacien, spécialiste de la radiesthésie

M. Mellin, un autre pionnier de la radiesthésie

"IL FAUT QUE LE PLAN SOIT TELLEMENT DÉTAILLÉ, AFFIRME L'ABBÉ MERMET, QUE L'OPÉRATEUR SE CROIE SUR LE TERRAIN"

Les recherches sur plan, au fil des ans, connaîtront un succès allant crescendo. Dès la première moitié du siècle, de nombreux téléradiesthésistes s'illustrent brillamment dans leur art. Parmi les plus célèbres, le commandant de la Bastide, le frère Padey, le Révérend Père Guéral de Sérézin et, bien entendu, le fameux abbé Mermet. Cet homme d'église fera beaucoup pour la popularité non seulement du pendule en général, mais également de ces "nouveaux" ("Il n'y a de neuf que ce qu'on retrouve", disait Marie-Antoinette !) champs d'exploration que sont la radiesthésie médiumnique et la téléradiesthésie. Il donnera d'ailleurs une définition très précise de la recherche à distance et de son "mode d'emploi", dans Comment j'opère pour découvrir, de près ou à distance : sources, métaux, corps cachés et maladies.

"Quand on vous demande une prospection, commencez par une étude de la carte ou du plan représentant les lieux ; si vous ne trouvez rien, ne faites pas le voyage. Si vous sentez quelque chose, allez, si possible, vérifier sur le terrain. Au retour, contrôlez encore sur plan, carte ou photographie que vous aurez prise ou qui auront été prises. Plus tard, expérience acquise, votre transport sur le terrain sera inutile pour vous, mais utile seulement pour obtenir que les intéressés creusent au bon endroit.

Il est bien entendu que, pour réussir une étude sur plan, il est indispensable que le plan soit bien fait. Un torchon de papier n'est pas un plan. On peut résumer les conditions en deux lignes ; il faut que la plan soit tellement détaillé ; côtes d'altitude, eaux, forêts, haies, maisons, etc. que le téléprospecteur se croie sur le terrain. Des lignes noires ou blanches, dont on ne peut pas dire si elles signifient routes, sentiers, ruisseaux, canalisations ou tunnels, ne sont pas des indications suffisantes. Au surplus, chose toute aussi essentielle, il faut choisir pour travailler un jour et une heure favorables.."

QUAND UN GOUVERNEMENT RECONNAIT OFFICIELLEMENT LES CAPACITÉS D'UNE RADIESTHÉSISTE ET CHANTE SES LOUANGES !

Il ne faut pas croire cependant que l'étude des phénomènes radiesthésiques et leurs applications pratiques se limitent au seul continent européen... loin de là ! L'Amérique, l'Australie, l'ex-U.R.S.S. sont également touchés. Dès les années 30, le gouvernement de Colombie britannique, au Canada, donnait sa caution officielle à un pratiquant australien Evelyn Penrose. Ici, plus question de sources (pas assez rentable !), on préfère passer directement à la vitesse supérieure : pétrole et minerais.

Chargée de repérer les gisements des matières susnommées, Evelyn Penrose laisse pantois les officiels. Ses localisations correspondent en tous points aux travaux effectués par les experts géologues de tous poils. Les ministres de la Justice, des Finances, des Mines n'hésitent pas un seul instant à proclamer les résultats miraculeux, obtenus par la radiesthésiste et à créditer ses capacités.

Le secrétaire d'Etat à l'Agriculture poussera même d'un demi-ton le concert des louanges : "J'ai personnellement accompagné Mlle Penrose dans ses déplacements pour trouver de l'eau et du pétrole, et je peux donc me porter garant de ses extraordinaires pouvoirs. De nombreuses opérations de forage et d'excavation ont été entreprises sur sa simple recommandation, et nous avons reçu de très nombreux rapports positifs après le forage des puits."

ONDES OU INCONSCIENT ? LES RUSSES S'EN MOQUENT... LEUR UNIQUE INTÉRÊT, CE SONT LES RÉSULTATS !

L'Union soviétique ne passe pas par tous les affres philosophiques de leurs confrères européens. L'idée de démontrer, au moyen de concepts et autres credos scientifiques, que la radiesthésie n'est que charlatanisme, se perdre en conjonctures pour en déceler l'origine (querelle entre l'école des "physiciens" et des "mentalistes") leur semble peu intéressant.

Ce qui compte ce sont les faits. La radiesthésie peut-elle, oui ou non, permettre ou aider à déceler l'emplacement de leurs nombreux gisements ? Pour répondre à cette question, ils multiplieront expériences et tests sur le gratin des radiesthésistes russes.

Expériences dont les résultats furent globalement concluants, puisqu'en octobre 1966 la société astro-géodésique de Moscou croit utile d'organiser des séminaires radiesthésiques. Une première qui sera suivie, en avril 1962, d'un congrès scientifique consacré à cette science. Les chercheurs et délégués arrivent des quatre coins de l'Union soviétique.

UN CONGRES QUI SERA PONCTUÉ DE SURPRENANTES RÉVÉLATIONS

Le congrès sera ponctué de surprenantes révélations : en République yakoute (Sibérie du Nord), la sourcellerie est courante ; en Lituanie, les Ponts et Chaussées ont régulièrement recours aux radiesthésistes, qu'on utilise également dans les grands espaces désertiques, afin de rechercher de l'eau. A Léningrad et Moscou, les géologues travaillent parfois sur le terrain avec des spécialistes de la baguette. La radiesthésie a su se propager dans tous les continents, marquant chaque fois la preuve de son efficacité. Car qui pourrait prétendre, en toute bonne foi, qu'un art qui franchit si allègrement les siècles et les frontières serait dépourvu de fondement ?

CHAPITRE TROIS

COMMENT RETROUVER LES OBJETS ET LES PERSONNES DISPARUES

LES NOMBREUSES COLLABORATIONS ENTRE POLICIERS ET RADIESTHÉSISTES SONT SOUVENT COURONNÉES DE SUCCÈS

Comme nous le signalons dans notre premier chapitre, la recherche des personnes disparues souffre de certaines réserves ; elle ne doit être le fait que de radiesthésistes au sommet de leur art, spécifiquement dans le cas où une autre personne serait impliquée dans ce type de recherches. Vous pourriez en passant outre ce conseil engendrer fausses peurs et faux espoirs. Ne vous improvisez pas enquêteur à "Perdu de vue" !

Si vous opérez pour chercher la trace d'une personne qui vous est proche, dont vous avez perdu la trace, méfiez-vous des implications affectives, qui peuvent fausser vos résultats. La recherche radiesthésique constitue un plus, une indication, en aucun cas un critère absolu. Vous ne devez pas négliger une marge d'erreur, erreurs dans la plupart des cas liées au manque d'entraînement. La recherche sur plans est parfois délicate, mais peut engendrer des résultats étonnants. Témoins les nombreuses collaborations entre policiers et radiesthésistes, souvent couronnées de succès. Là encore, la précision constitue votre plus important atout.

Dans le cas d'une recherche sur plan, de nombreuses personnes interrogent : "Telle personne se trouve-t-elle actuellement à l'Est ? A l'Ouest ? Au Nord ? Au Sud ? Au Centre ?". C'est l'exemple typique des mauvaises questions. Admettons que votre pendule vous réponde positivement sur le Nord. La personne se trouve donc au Nord. Mais au nord de quoi au juste ? De la France ?

Du département dans lequel elle se trouvait antérieurement ? De l'Europe ? Du globe terrestre ? Ou dans la partie nord de sa dernière habitation en date (ce peut être le cas par exemple dans les recherches criminologiques) ?

DÉTERMINEZ LE RAYON DE VOS RECHERCHES RADIESTHÉSIQUES

Quelle est la première interrogation qui puisse vous venir à l'esprit, la question originelle ? Supposons que vous recherchiez une personne qui a déménagé et dont vous ignorez l'adresse. La question "Est-elle vivante ?" ne concernera que les recherches criminelles, pratiquées par des praticiens de haut niveau. Le type même de réponses (binaire) ne donne pas droit à l'erreur quand l'implication est trop forte. La première question à poser sera donc "Cette personne habite-t-elle toujours à..." ? Si votre pendule répond positivement, il ne vous restera plus qu'à avoir recours au Minitel. Dans le cas d'une grande ville, vous pouvez explorer quartier par quartier ou arrondissement par arrondissement.

Si votre pendule oscille vers la gauche, il vous reste à déterminer le rayon de vos recherches. Questionnez de dix en dix. "X habite-t-elle actuellement dans un rayon de dix kilomètres autour du lieu où je l'ai connue ?" Si vous obtenez de nouveau une réponse négative, demandez si elle habite au-delà ou en deçà de dix kilomètres. Si c'est en deçà, continuez jusqu'à ce que vous obteniez l'information la plus précise possible. Si c'est au-delà, élargissez peu à peu vos investigations. Puis, lorsque votre quête vous paraîtra parvenue à son terme, tracez sur une carte régionale la région concernée.

ON NE PEUT PAS EFFECTUER CE TYPE DE RECHERCHES N'IMPORTE QUAND !

La convention mentale sera la suivante : "Parvenu au-dessus de la région habitée par cette personne, mon pendule girera vers la droite." S'il demeure immobile, reprenez votre recherche au point de départ. Il ne vous restera plus qu'à poser une question qui, pour désagréable que puisse être la réponse, nous paraît indispensable : cette personne souhaite-t-elle vous rencontrer ? Avez-vous quelque chose à lui apporter ? C'est la seconde question qui primera dans le cas d'un fugueur (ou d'une fugueuse) mineur (e) car, à l'état conscient, cette personne ne souhaite pas forcément vous rencontrer. Encore conviendra-t-il que vous modifiiez votre attitude par rapport à elle si vous ne voulez pas prendre le risque de vous trouver confronté à une seconde fugue ! Ce type de recherches peut-il s'effectuer à n'importe quel moment ? La réponse est incontestablement non. Tout d'abord, vous ne devrez pas procéder d'office à ce type d'exercices, mais prévoir un moment de "mise en condition". Si, dans d'autres cas de figure, toute erreur peut être décelée grâce à une exploration plus poussée, il n'en est pas de même pour la recherche d'objets ou de personnes disparues. Aussi, il est nécessaire de réussir sans coup férir.

ICI, PAS BESOIN D'EFFORTS... C'EST VOTRE INCONSCIENT (CERVEAU DROIT) QUI VA PRENDRE LES COMMANDES !

Vous pourrez parvenir à l'état désiré grâce à la méditation, la relaxation, la prière, par un court séjour sous pyramide (voir ce chapitre)... Vous devez obtenir un état de neutralité parfaite par rapport au sujet traité, sans vous laisser le moins du monde happer par les circonstances extérieures. En dépit d'une idée fort répandue parmi les débutants et même par des radiesthésistes plus expérimentés... *errare humanum est, perseverare diabolicum* !), la recherche d'un objet ou d'une personne disparue ne nécessite pas d'efforts. On pourrait même affirmer le contraire, car précisément le but à atteindre est le stade du "non-effort"... ce qui n'est pas toujours des plus faciles ! Le "non effort", c'est la mise en sommeil de notre volonté consciente, car ici c'est l'inconscient (le cerveau droit) qui va prendre les commandes. C'est l'orientation de la pensée qui va déterminer l'efficacité de l'opération, non son potentiel volitif. Vous êtes ici comme une antenne réceptive qui devra capter la bonne fréquence. Cette réceptivité peut aller (et doit même dans certains cas) aller jusqu'à la télépathie et au dédoublement. Parce qu'elle met en jeu tous les mécanismes de perception à distance dont nous n'usons pas d'ordinaire. L'expérience est particulièrement frappante dans le cas d'un animal disparu. Naturellement, vous ne devez révéler à personne la manière dont vous avez mené votre "enquête".

IL PEUT ARRIVER QUE CETTE EXPÉRIENCE, DANS UN PREMIER TEMPS, VOUS ÉPUISE... PAS D'INQUIÉTUDE, C'EST TOUT A FAIT NORMAL !

L'essentiel dans ce type d'expériences n'est pas d'épater la galerie (un jeu parfaitement puéril qui ne vaudrait guère la chandelle de l'énergie dépensée !) mais bel et bien d'aboutir à un résultat tangible. Il peut arriver que cette expérience, dans un premier temps, vous épuise. Pas d'inquiétude : c'est tout à fait normal ! Vous êtes comme un plongeur inexpérimenté qui passe de l'autre côté du miroir sans scaphandre. Mais cela, en règle générale, signifie que le contact s'est avéré concluant et réel. Vous n'aurez pas lieu de regretter votre fatigue !

Il est important d'œuvrer dans un lieu possédant les conditions optimales de détente. Réservez un lieu de votre appartement typiquement destiné à ce type de recherches. Si son exiguïté ne le permet pas, réaménagez un espace existant, le temps de votre travail radiesthésique. Sur la table, vous disposerez (si vous en possédez) des objets relatifs à la personne disparue. S'il s'agit d'un objet, utilisez un témoin papier ou quelque chose en rapport avec cet objet-là.

***UN INSTANT "HORS JEU"
POURRAIT TOUT DESTABILISER ET VOUS DEVRIEZ
ALORS RECOMMENCER DEPUIS LE DÉBUT !***

Par exemple, vous recherchez vos clés de voiture : peut-être possédez-vous une photo, ou à défaut des papiers de celle ci. Posez-les sur la table. Ils faciliteront votre recherche. Est-il utile de préciser que vous débrancherez votre téléphone ? Il en est de même pour les répondeurs, même extrêmement silencieux. Un instant "hors-jeu" pourrait tout déstabiliser et l'expérience serait à recommencer depuis le début, nécessitant une nouvelle mise en condition. S'appuyer sur des éléments témoins permet d'effectuer des recherches sans limite de distance. Vous devrez également vous munir d'un crayon, d'une boussole et, bien entendu, d'un plan précis de votre zone d'investigations, que vous déterminerez avant toute opération de la manière que nous avons étudiée. En effet, une personne ou un animal disparu peuvent ne plus se trouver du tout dans leur secteur d'origine. Quand vous serez parvenu à l'état nécessaire pour effectuer votre recherche, commencez par poser cette simple question : "L'heure est-elle bien choisie pour effectuer cette recherche ?" N'opérez que si votre pendule vous répond par l'affirmative.

Passer outre, c'est s'exposer à un fort potentiel d'erreurs et, ainsi que nous l'avons vu, la marge d'erreur plus que jamais doit être limitée au minimum. De plus, la découverte d'une erreur de ce type entraînerait de votre part un mécanisme-réflexe qui vous amènerait à vous tromper de nouveau, et ce même lorsque les conditions optimales seront réunies !

UNE "NON-AUTORISATION" DU PENDULE PEUT NAÎTRE D'UN NON-DÉSIR DE LA PERSONNE D'ENTRER EN CONTACT AVEC VOUS... RESPECTEZ-LE !

Même si votre pendule répond oui, poursuivez votre investigation par la question suivante : "Dois-je effectuer ce genre de recherches ?" Le "non" en ce cas peut avoir plusieurs significations. Non absolu ou non provisoire. Si votre pendule a répondu "oui" à la première question, le "non" qui lui succède est sans doute relatif à la personne cherchée.

Cette personne ne désire pas que vous entriez en contact avec elle, ce qui présente nombre d'inconvénients. Non seulement, vous vous coupez ainsi de la possibilité d'un contact télépathique, direct avec la personne en question. Mais de plus, celle-ci risque de provoquer, fût-ce inconsciemment, un brouillage de votre "émission" et vous aurez du mal à recevoir toute information qui lui est relative. Ce non désir, par ailleurs, peut n'avoir qu'une durée limitée dans le temps. Tentez de renouveler l'opération quelques jours plus tard.

Peut-être l'accomplirez-vous cette fois-ci avec succès. Il vous est également loisible d'accomplir un travail de dynamisation au niveau de la communication, entre cette personne et vous, par l'intermédiaire d'une radiesthésie active (voir chapitres "Dynamisez vos pensées" et "Pendule et pyramide").

UN EXCÈS DE SENSIBILITÉ OU UNE TROP GRANDE IMPLICATION PEUVENT VOUS CONDUIRE À L'IMPASSE

Un autre type d'obstacles peut être constitué par un manque de maturité radiesthésique, vous interdisant pour l'instant ce type de recherches, parce que trop soumise, quant au développement de votre sensibilité, à l'aléatoire. L'interdit de nature karmique est rare, mais n'est cependant pas à négliger totalement. Un excès de sensibilité ou une trop grande implication dans le problème traité peut également vous mener à l'impasse. Enfin, l'éventail de vos possibilités radiesthésiques est peut être tout simplement limité à quelques spécialisations et votre registre ne va pas jusque là. Un ténor ne peut pas forcément accomplir les performances d'un soprano, et vice versa. Il n'y a pas là de critère de valeur, mais de spécificité. En ce cas, inutile de forcer votre nature. L'étendue des possibilités radiesthésiques est suffisamment vaste pour ne pas vous en attrister.

UNE PERSONNE PEUT ÊTRE VEXÉE SI VOUS N'ACCÉDEZ PAS A SA DEMANDE... MAIS SERA FURIEUSE SI VOUS L'ORIENTEZ SUR UNE FAUSSE PISTE !

Quoi qu'il en soit, n'agissez jamais pour "faire plaisir" si le pendule vous "interdit", d'une manière ou d'une autre d'effectuer ce type de recherches. Vous pouvez cependant, éventuellement, en chercher la raison, afin de savoir s'il peut être repris plus tard, ou si ce projet doit être abandonné. Une personne peut être vexée si vous ne pouvez pas obtempérer à sa demande... mais elle sera carrément furieuse si vous l'orientez dans une mauvaise direction, d'autant plus que forte sera son implication.

Si la possibilité d'exploration radiesthésique vous est ouverte, vous pouvez procéder de la manière suivante : d'une main vous tiendrez le pendule, et de l'autre votre crayon. Au fur et à mesure que votre recherche progressera, vous serez à même de définir la zone d'exploration et de la marquer au crayon. Votre convention mentale sera que le pendule n'effectuera de giration positive (vers la droite) qu'en présence du secteur ou du lieu précis où se trouve la personne, l'animal ou l'objet recherché .

MÊME SI VOS TRAITS ONT ÉTÉ EFFACÉS, UNE CARTE MARQUÉE AU CRAYON DEVRA ÊTRE REMPLACÉE POUR UNE RECHERCHE ULTÉRIEURE

Signalons toutefois que dans ces derniers cas, il est rare, excepté dans quelques cas précis (recherche d'une voiture volée par exemple...) que l'on ait recours à une carte. On peut par contre, en ce sens, faire usage du plan d'un appartement ou d'une maison, pour lesquels on procédera de la même manière. Peut-on avoir recours à la même carte, au même plan à diverses reprises ? Si votre plan est marqué au crayon, vous devrez en utiliser un autre, dans le cadre d'une recherche ultérieure. Et ce, même si les traits ont été effacés. Vous avez transcrit d'une manière visible les messages de votre inconscient. Il en demeure une trace au niveau subtil, qui pourrait perturber vos explorations postérieures. C'est pour le même type de raisons et d'inter-influences, de parasitages éventuels, qu'on évitera d'avoir recours à une photographie sur laquelle figurent d'autres personnes que celle recherchée.

La recherche d'objets relève d'une méthodologie légèrement différente. En effet, si la recherche de personnes ou d'animaux fait directement appel au cerveau droit, à l'intuition, voire à la médiumnité pure dans bien des cas, en revanche la recherche d'objets nécessite une collaboration entre vos parties intuitives et réflexives.

UNE MÉTHODE DE RECHERCHE RADIESTHÉSIQUE QUI CONVIENDRA AUX DÉBUTANTS : LA MÉTHODE DES MOTS-TEMOINS

Comme je l'avais signalé dans Le miracle du pendule, n'oubliez jamais, d'une part, que votre question devra se formuler en termes binaires. Votre pendule ne pourra pas répondre à une question du type "Qui a volé ma voiture ?" ou "Où se trouve actuellement ma voiture (ou les clés de ma voiture) ?" D'autre part, vous devrez vous méfier des fausses bonnes questions, du style "Vais-je retrouver ma voiture ?" Si le pendule vous répond oui, vous n'en serez pas pour autant renseigné sur son emplacement, pas plus que sur son état actuel. Comme précédemment, faites précéder vos investigations de la question "Suis-je en mesure d'effectuer une recherche pour retrouver (nom de l'objet) ?"

Supposons que vous ayez perdu votre portefeuille. Inscrivez sur une feuille de papier les différents endroits par lesquels vous êtes passé entre le moment supposé de la perte et le moment présent. Plusieurs méthodes s'offrent alors à vous. La première consistera à interroger successivement chacun de ces lieux. La seconde : passez votre pendule au-dessus de chaque possibilité, en demandant à ce que le pendule gire positivement lorsqu'il sera en présence du lieu où vous avez égaré votre objet. Vous pouvez également utiliser des mots-témoins. Cette méthode conviendra particulièrement aux débutants parce qu'elle évite, dans cette seconde phase, une intervention trop prégnante du cerveau conscient en plaçant vos témoins en aveugle. Privés de la possibilité de voir de quel lieu il s'agit, vous évitez toute influence liée à un préjugé.

SI VOTRE DEMANDE CONCERNE UNE AUTRE PERSONNE, UTILISEZ UN TÉMOIN PHOTO

Il vous est possible enfin d'avoir recours à une échelle horizontale. Lorsque le pendule cessera son mouvement de balancier pour tourner positivement, vous serez à proximité de l'objet en question. Il vous reste alors à préciser votre lieu de recherche à l'intérieur du secteur circonscrit. S'il s'agit d'un appartement, un plan sommaire de cet endroit pourra faciliter votre investigation. Si votre demande concerne une autre personne, servez-vous d'un témoin-photo, sur lequel vous poserez la main gauche, tandis que de la droite vous tiendrez le pendule. Ne négligez aucune possibilité. Si votre type de questionnement était de savoir où vous aviez perdu tel objet (par exemple votre portefeuille), n'oubliez pas de demander s'il s'y trouve encore ! Renseignez-vous également sur l'état dans lequel vous trouverez l'objet en question !

Chapitre Quatre

RADIESTHÉSIE ET VOYANCE

LE PENDULE NOUS OFFRE UNE RÉPONSE CONCISE DONT LA CLARTÉ NE PEUT ÊTRE MISE EN DOUTE

A l'inverse de la plupart des méthodes de divination, dont le résultat dépend non seulement de la réponse elle-même, mais de la qualité de son interprétation, le pendule offre une réponse concise, dont la clarté ne peut être mise en doute. Est-ce à dire que le degré de réceptivité de celui qui l'utilise n'entre guère en jeu dans la réponse donnée ? Loin de nous cette pensée. Car une divination par le pendule, de par la dualité de ses réponses (oui ou non, homme ou femme, blanc ou noir, positif ou négatif), implique un travail de recherche, d'exploration des différents aspects du problème traité. En l'absence d'une question précise, qui cerne directement le problème, le pendule se refusera de répondre, se contentant d'un simple mouvement de balancier. "Éprouve-t-il des sentiments pour moi ?" ou "M'aime-t-il ?" sont les types mêmes de mauvaises questions. Il nous faut définir au juste quels sont nos besoins, nos désirs, nos envies. Un homme, une femme peut vous "aimer" comme un(e) ami(e). Or ce n'est peut-être pas ce que vous désirez. Vais-je trouver un travail ? est également une mauvaise question. Ce qui importe, c'est de savoir dans quelle branche vous voulez vous imposer, si ce travail vous sera bien payé. Le travail n'est pas une valeur en soi ; il le devient par la qualité de vie qu'il peut éventuellement permettre. Apprenez à sérier et à séparer chaque aspect de la question pour obtenir une réponse de qualité. En amour, cernez d'abord la question du désir, puis attaquez-vous à ses envies par rapport à vous, une par une. Autrement, vous risqueriez d'obtenir une réponse non significative. Dans le domaine du travail, précisez : "Vais-je trouver du travail dans la boîte (la branche) où je suis actuellement". Puis, en cas de réponse négative, auscultez un par un les domaines qui vous tiennent à cœur, afin de savoir lequel est le plus apte à satisfaire votre demande, savoir vers où vous orienter avec le plus de chances de succès.

UNE ÉTROITE COLLABORATION ENTRE LE CERVEAU RATIONNEL ET LE CERVEAU INTUITIF

Le pendule demande une méthode et une discipline, une organisation de la pensée secondée par l'intuition. En ce sens, il exige une collaboration étroite entre cerveau gauche et droit. Si le gauche nous permet de traduire un ensemble complexe en une question à réponse binaire (le cerveau rationnel), en revanche le droit, une fois la question posée, nous permet de sonder les arcanes de notre inconscient pour y découvrir la clé.

Ceci pose évidemment le problème classique en voyance, principalement lorsque celle-ci nécessite l'usage d'un instrument. Qu'est-ce qui nous répond ? Est-ce Dieu, l'instrument même, ou cet instrument plus subtil qu'est notre cerveau et qui nous permet de décoder les méandres du temps ? On sait en effet, depuis Einstein, que le temps est une valeur relative et que, dans l'absolu, passé, présent, futur cohabitent au même instant. Ou, comme l'affirmait poétiquement le génial André Hardellet : "C'est notre perception qui est en retard par rapport à un futur qui a déjà eu lieu". Nous renvoyons les lecteurs, peu habitués à ce genre de paradoxe, principalement aux livres de Fritjof Capra et de Jean Charon, qui ont développé une vision spiritualiste de la physique, ou "Le cantique des quantiques". Quoi qu'il en soit, nous ne possédons pas de réponse fiable en ce qui concerne l'origine de la voyance, des réponses mantiques et des problèmes qu'elle suscite (entre autres le problème du libre arbitre et de la détermination). Chacun opte pour sa croyance ou demeurera, sans dogme en état d'ouverture. Ce qui compte avant tout, c'est que le pendule fonctionne.

QUELQUES EXERCICES "D'ÉCHAUFFEMENT" POUR LES PRATICIENS EN HERBE...

Il va de soi (du moins nous semble-t-il) qu'avant de se pratiquer en duo, la voyance, dans un premier temps, doit s'exercer en solo. Comme une voiture, le cerveau droit (intuitif), dont nous avons appris à réprimer les élans, doit jouir d'un temps de rodage.

Il nous semble peu valorisant de commencer la pratique de cet art divinatoire par les traditionnelles questions stupides : Suis-je une femme ? (si vous êtes un homme). Suis-je un homme ? (si vous êtes une femme). Il nous paraît tout aussi vain, si vous êtes enceinte ou si l'une de vos amies l'est, de demander si l'enfant à venir sera une fille ou un garçon. Il est à noter d'ailleurs que vous pouvez obtenir cette réponse de deux façons. En posant en termes de classique "oui-non" la question sur les deux termes – pourquoi sur les deux ? Parce que l'enfant peut ne pas naître – soit par convention mentale, fixée au moment de la question (par exemple, fille à droite, garçon à gauche, ou l'inverse). Pourquoi une telle question est-elle de peu d'intérêt ? Précisément par son aspect pile ou face. La question ne possède qu'une alternative et, pour que le résultat en soit significatif, il faudrait expérimenter sur au moins cinq femmes enceintes. Cinq femmes de nos connaissances prêtes à accoucher à peu de distance, ça ne se trouve pas sous le sabot d'un cheval !

Le premier exercice que nous vous proposons met en jeu le sacro-saint Tarot, qui présente le net avantage sur les jeux de cartes ordinaires d'être directement en prise avec l'univers divinatoire. Utilisez le tarot avec lequel vous vous sentez le mieux : Marseille, Eteilla, Belline, Egyptien, Crowley ou même – pourquoi pas ? – Lenormand. L'important est qu'il soit dans votre esprit relié à la prédiction. Choisissez trois cartes dans le jeu. Mélangez-les. Puis posez-les, sans les regarder, face contre table. Dans le cas du Tarot de Marseille, vous pouvez utiliser les majeures ou les mineures.

LA VOYANCE EST COMME UN MUSCLE : ELLE DOIT ÊTRE TRAVAILLÉE POUR OBTENIR DES RÉSULTATS DE PLUS EN PLUS PERFORMANTS

Nous vous conseillons, si vous utilisez les arcanes mineurs, afin de ne pas vous embrouiller dans des problèmes de chiffres qui donneraient une prépondérance à votre cerveau rationnel, de prendre trois cartes de la même série (série des as, série des valets, des dix, des reines...). Votre pendule bien en main, imprimez-lui un mouvement de balancier initial puis posez (à voix haute de préférence, surtout si vous débutez en la matière) la question suivante : "Cette carte est-elle l'As de Bâton ?" ou "Cette carte est-elle l'Impératrice ?"

Procédez par élimination. Si votre pendule a répondu non aux deux questions précédentes, la troisième carte devrait, en principe, être celle que vous cherchez. Ce mot, "en principe" vous choque peut-être, mais il correspond à la réalité des faits. Il se peut que vous n'ayez pas "visé juste". Ne cédez pas au découragement, à l'appréhension de l'échec. La voyance est comme un muscle, elle doit se travailler afin d'obtenir des résultats de plus en plus performants. L'essentiel n'est pas d'obtenir des réponses adéquates à cent pour cent, mais de réduire votre pourcentage d'échecs au minimum. Dans un premier temps, ne pratiquez pas cet exercice plus d'un quart d'heure-vingt minutes, trente minutes au maximum. Si vous sentez en vous une appréhension du fiasco, recommencez à un moment plus favorable, dans lequel vous vous sentirez plus disponible. Il est nécessaire cependant de recommencer plusieurs fois, avec des cartes différentes. Sur trois ou quatre tirages, il est peu probable que vous n'en réussissiez pas au moins un. Mais si tel était votre cas, ne baissez pas les bras trop vite en criant à l'absence de don. Vous avez simplement besoin de vous entraîner davantage. Les maturations lentes sont souvent celles qui réservent le plus de surprises. Positives, bien sûr.

C'EST AU RÉVEIL ET AVANT DE VOUS COUCHER QUE VOUS ÊTES LE PLUS PROCHE DE L'ÉTAT ALPHA DES MÉDIUMS, VISIBLE SUR UN ÉLECTROENCÉPHALOGRAMME

Il arrive que la première expérience de ce type, précisément par sa nouveauté, se solde par une fin de non-recevoir. Persistez. N'oubliez jamais que ce type d'exercices, quel qu'en soit le résultat, vous familiarise avec votre cerveau droit et, d'une certaine manière, on pourrait dire qu'il le réveille. Croyez-vous que le Prince Charmant n'ait pas rencontré d'obstacles quand il partit réveiller la Princesse

Aurore ? L'apprentissage sur trois cartes peut durer une semaine ou plus. Ce qui compte, c'est de le pratiquer chaque jour, même s'il ne doit porter que sur dix minutes et ne concerner qu'un seul tirage. Prenez votre temps. Les heures les plus conseillées sont le matin au réveil ou le soir avant de se coucher. C'est à cet instant que vous serez le plus en phase avec ce que l'on nomme l'état "alpha", entre veille et sommeil, bien connu des médiums et des initiés. Si vous le pratiquez le soir, veillez à vous asperger les mains et le visage d'eau avant de commencer, afin de vous laver des influences et stress d'une journée de travail.

Notez soigneusement les résultats obtenus sur un cahier réservé à cet effet. Par exemple une colonne + et une colonne -, ou une colonne oui et une colonne non. Un simple cahier d'écolier suffira. Lorsque vos résultats positifs auront atteint un minimum de 50%, vous pourrez passer à la vitesse supérieure. Choisissez cette fois-ci quatre cartes. Si votre pourcentage de réussite retombe à 30% ou moins (entre 0 et 3 résultats exacts sur dix tirages), recommencez l'exercice précédent jusqu'à ce que vous en possédiez une maîtrise plus conséquente. Rien ne vous empêche ensuite de passer, si le cœur vous en dit, à cinq, puis six cartes etc. et même, pour les plus téméraires et les plus patients d'entre vous, les vingt-deux arcanes au complet !

Une variante peut être pratiquée avec des petits papiers. Sur deux d'entre eux, inscrivez ce que vous savez être des mensonges éhontés – bornez-vous aux faits matériels de votre propre existence, le domaine des sentiments étant trop complexe pour cela –, sur le troisième la vérité. Mélangez les papiers jusqu'à ce qu'il vous soit impossible de les reconnaître. Si vous êtes tenté de regarder, placez-les dans des enveloppes. Puis cherchez, par élimination, le papier authentique. Vous pouvez procéder de la même manière avec trois cartes postales de pays différents dans des enveloppes identiques.

"BIENTÔT" ET " EST-CE QUE JE PEUX ? ", DEUX MOTS A BANNIR DU VOCABULAIRE RADIOMANTIQUE !

Il est possible que vous trouviez fastidieux ces exercices, comme sur les bancs de l'école, on trouve ennuyeux l'apprentissage de la grammaire et de l'orthographe. Pourtant, sans elles, comment prétendre approcher la littérature et l'écrit en général ? Il en est de même avec la voyance. Elle ne s'improvise pas. Il faut d'abord faire ses gammes. Nous avons parlé en termes de pourcentage de réussites ? La voyance, qu'elle soit au pendule ou ailleurs, et ce comme toute pratique mettant en jeu le facteur humain, n'est pas fiable à cent pour cent. Disons qu'elle l'est à 70%, ce qui est déjà énorme. C'est pourquoi il est inutile de poser des questions relatives à la mort. Vous pourriez être ébranlé d'une réponse dont le contenu n'est pas nécessairement inéluctable. D'ailleurs, il est parfaitement absurde de poser la question, quand on y réfléchit un peu "Untel ou Unetelle va-t-il mourir bientôt ?". Cette phrase contient deux hérésies. Va-t-elle mourir ? Oui certainement, comme nous tous un jour ou l'autre. Bientôt est la notion de temps la plus floue qui soit au monde; Est-ce cinq mois ou dix ans ? Cette observation est d'ailleurs valable pour toutes les questions relatives au temps.

IL NE FAUT JAMAIS OUBLIER QUE LA VOYANCE EST UN RITUEL ET NÉCESSITE UNE MISE EN SCÈNE

Passons maintenant au domaine de la voyance proprement dite. Franchir le sas spatio-temporel, que nous avons coutume de recouvrir d'un voile opaque. Votre pendule est une antenne qui va vous permettre de capter des vibrations différentes de celles que vous percevez d'ordinaire. C'est pourquoi c'est un rituel. Les spécialistes en sciences occultes (parce qu'occultées) savent qu'une mise en scène adéquate permet de placer l'esprit en situation et de le couper de son quotidien. La projection de sa force pensée en sera facilitée. Il en est de même pour la "réception". Les suggestions de décor que nous allons indiquer sont, bien sûr, très difficiles à réaliser si vous vivez avec un compagnon (ou une compagne) qui ne partage pas vos conceptions et si celui-ci (ou celle-ci) se trouve à vos côtés au moment de vos exercices. Mais en ce cas, la pratique même du pendule semble difficile.

LES MAGISTES SAVENT À QUEL POINT LE DÉCORUM EST IMPORTANT POUR EXPRIMER LA FORCE PENSÉE... SACHEZ METTRE EN SCÈNE VOS VOYANCES !

Munissez-vous d'un encensoir (on en trouve très aisément dans les librairies ésotériques), de charbons et d'un encens adéquat. Nous vous conseillons particulièrement l'encens de Jérusalem, propice à ce genre d'exercices. Couvrez les murs (un mur au moins) de la pièce dans laquelle vous pratiquez de tissu violet (une nappe à motifs indiens de couleur bleu peut suffire) ou de tarots, si vous y êtes familiarisé. Allumez l'encens. Laissez le imprégner la pièce. Allumez une bougie parfumée, de couleur blanche ou violette et éteignez la lumière électrique. N'entrez pas tout de suite. Prenez un bain puis préparez-vous mentalement à entrer. Ensuite, prenez votre pendule et posez votre question. Certains s'insurgeront contre une telle mise en scène, qu'ils jugeront inutile et moyenâgeuse. Il est effectivement un stade où le radiesthésiste peut entrer en état de médiumnité quasiment à volonté, fut-ce pour certains dans un lieu public. Mais cette pratique peut être d'un grand secours à ceux qui s'initient à cet art. Ne serait-ce que parce qu'elle leur évitera, dans un premier temps, de transformer le pendule en jeu de société destiné à épater la galerie. Comment, dans un tel décor, poser des questions aussi absurdes que ce qu'on doit manger le soir, ou savoir les couleurs des dessous de la voisine ? Le pendule est un instrument de travail sur soi- même et il serait dommage de le gâcher à des fins si superficielles. N'en concluez pas pour autant que les radiesthésistes n'ont pas le sens de l'humour !

Il est capital de plus que vous ne prêtiez pas votre pendule et le rangiez dans un espace qui vous soit propre. Il ne s'agit pas ici de superstition mais de fréquence. Bien sûr, le monde ne s'écroulera pas si vous passez votre instrument à une personne avec laquelle vous vous sentez en harmonie. Mais le faire circuler de main en main est susceptible de perturber la réception. Cet outil est en relation directe avec votre inconscient. L'imprégner d'autres "marques" à la longue pourrait fausser vos résultats.

QUE FAIRE QUAND LE PENDULE "HÉSITE" OU REFUSE DE RÉPONDRE ? LES CAUSES ET LES REMÈDES

Vous voici à présent seul face à votre question. Concentrez-vous sur elle avant de la poser. Vous pouvez imprimer au pendule un mouvement perpendiculaire. Vous serez parfois surpris de la vitesse à laquelle il gire. S'il hésite, c'est que votre technique n'est pas suffisamment rodée, votre question trop floue ou que vous n'avez pas défini votre convention mentale (rappelons que la plus couramment utilisée est "oui" s'il gire vers la droite, "non" s'il gire vers la gauche). Une autre cause peut se présenter : la difficulté du chemin choisi. Entendez : oui, mais il faudra combattre. Nous serions quant à nous plutôt partisans de ce qu'on appelle "futurs parallèles". En deux mots, cette théorie spécule que tous les futurs possibles coexistent. En fonction de nos choix, nous pouvons nous orienter vers l'un ou l'autre. La voyance nous aide à faire notre choix, mais cette fois-ci en connaissance de cause.

ÊTES-VOUS BIEN SUR D'AVOIR FORMULÉ LA BONNE QUESTION ?

Il arrive également que le pendule refuse de répondre à votre question. Vous aurez beau répéter plusieurs fois le mouvement perpendiculaire et votre question, il ne se passera rien. Votre pendule ne tournera ni vers la droite ni vers la gauche. Interrogez-vous avant de recommencer, sur ce qui pourrait entraver le mouvement scripto-pendulaire. Vous êtes-vous assez concentré ? Êtes-vous sûr d'avoir bien formulé votre question ? Tentez de la formuler autrement, de la manière la plus précise possible. Côté amour, évitez les grandes questions romantiques, du type "Vais-je rencontrer l'âme sœur ?". 1) Cette question porte déjà l'empreinte de l'échec amoureux. 2) Qu'est-ce qu'une âme sœur ? Une relation amicale, comme nous l'avons signalé, pourrait ainsi être taxée. Est-ce votre recherche ? 3) Cette question ne laisse pas place à l'ouverture d'une rencontre. Vous recherchez l'Idéal avec un grand I. Il faut parfois un grand nombre de rencontres pour se préparer à une telle rencontre. Il faudrait d'abord savoir si vous y êtes vraiment prêt. Le travail, comme nous l'avons vu, ne supporte pas davantage.

Le refus de réponse peut également naître d'une situation trop complexe, dans laquelle rien n'est décidé et tout à construire. Les divers éléments en présence influent chacun à leur manière. C'est à vous de trouver votre place. L'absence de mouvement giratoire traduit (trahit ?) parfois son propre état d'incertitude, lors d'une question dont, par exemple, on ne souhaite pas réellement connaître la réponse. A moins qu'on ne la connaisse que trop parfaitement et qu'on craigne une confirmation. C'est le cas typique des personnes se trouvant dans une situation amoureuse dont ils savent qu'elle ne se dénouera pas. Ou de ceux qui s'acharnent à chercher du travail dans un secteur dont ils n'ignorent pas les très rares débouchés, interrogeant sur une place postulée qu'ils n'obtiendront pas au vu de l'entretien préliminaire, ou s'orientant vers une voie qu'ils n'ignorent pas contraire à leur épanouissement ou au-dessus de leurs compétences.

SI VOUS ÉCHOUEZ PAR FATIGUE MENTALE, UNE BONNE RELAXATION VOUS REDONNERA LA PÊCHE... ET DE MEILLEURS RÉSULTATS !

Enfin, le silence du pendule peut tout simplement signifier que vous "pendulez" en dilettante, sans être à ce que vous faites, trop fatigué ou trop obsédé par ce problème. Si c'est le cas, n'hésitez pas à reposer la question le lendemain. Si votre lassitude, vos préoccupations vous empêchent plusieurs fois de suite de mener à bien cette opération, ayez recours à la relaxation. Étendu par terre de la manière la plus confortable possible, fermez les yeux et respirez en inspirations et expirations lentes. Lorsque ce rythme vous deviendra quasi naturel, projetez votre conscience dans chaque partie de votre corps. Prenez conscience de la position de votre tête, du contact avec le sol, de vos yeux, de vos oreilles, puis descendez, sans oublier les membres. Après ce premier survol, vous allez visualiser, une à une, ces régions parfaitement détendues, parfaitement relaxées. Vous pouvez avoir recours à une cassette préenregistrée ("auto-reverse" si enregistrée sur les deux faces), qu'il s'agisse d'une cassette trouvée dans le commerce ou d'une que vous avez réalisée vous-même*. En ce cas votre voix sera lente et douce, laissant beaucoup d'espaces, de blancs entre chaque partie du corps, évoquée de manière à ce que vous ayez le temps de réaliser l'action méditative décrite par la cassette. N'hésitez pas à répéter les mots. Leur force d'impact n'en sera que meilleure.

* La cassette de suggestions verbales initiatiques de l'auteur peut grandement vous aider. A la recherche du Maître et l'Egrégore. Ecrire à l'auteur pour se la procurer.

Après la relaxation, vous serez dans un état bizarre. Si elle est réussie, il y a de fortes chances que votre corps se manifeste : éructations, envie d'uriner. Laissez-le s'exprimer, puis recommencez votre exercice scripto-pendulaire. Il vous deviendra alors beaucoup plus facile, car vous aurez induit un état alpha (rappelons que les ondes alpha sont celles émises par le cerveau au moment d'une méditation, d'une voyance ou de toute expérience mystique. Elles peuvent être contrôlées par un encéphalogramme).

LE PENDULE PEUT-IL (ET DOIT-IL ?) RÉPONDRE À TOUT ?

Il est totalement inutile de poser de multiples fois la même question au pendule. Au bout d'un moment, il vous donnera des réponses fantaisistes ou refusera de tourner dans un sens ou dans l'autre. En revanche, il est possible d'effectuer un "contrôle" unique de la première réponse. Signalons d'ailleurs que le pendule-contrôle peut être conjugué avec d'autres modes de voyance. Supposons que vous veniez de consulter le yi-king, l'oracle géomantique, le Tarot ou la boule de cristal.

Certains points vous semblent confus dans votre interprétation ou ne pas correspondre à la réalité. Vous doutez de la justesse de certaines de vos intuitions, ou de vos aptitudes à réaliser de bonnes voyances à cet instant précis. Votre pendule pourra confirmer ou infirmer le bien-fondé de votre opinion. Là encore, votre cerveau rationnel devra en premier lieu effectuer un travail de déblayage, de triage des "fausses bonnes questions". Citons quelques exemples types "Ma voyance est-elle réussie ?" ou "Ma voyance est-elle bonne ?", "Ai-je bien cerné le problème ?". Excepté si votre voyance est totalement "à côté de la plaque", que voulez-vous que le pendule réponde, s'il se trouve confronté à un ensemble disparate d'éléments véridiques, d'autres qui ne le sont qu'à moitié, et d'autres encore totalement erronés ? Il arrive cependant que le pendule, bon prince, réponde à ce type de questions insolubles par une oscillation très timide vers la droite ou vers la gauche.

IL EST PEU AISE (ET PEU SOUHAITABLE) DE VOIR AU-DELA D'UNE CERTAINE PÉRIODE... VOICI POURQUOI

Cernez les points sur lesquels vous pensez, à tort ou à raison, vous être trompé et interrogez, de manière directe. "Ce que j'ai ressenti par rapport à cette carte, à cette figure, est-il totalement exact ?" Si votre pendule répond "non", n'en concluez pas que l'ensemble de votre voyance, ni même de votre perception quant à l'élément incriminé, soit fausse. Découvrez ce qui vous semble "clocher", le détail qui vous empêche d'adhérer à votre voyance, non dans l'ensemble mais sur la carte, la figure précise auxquelles vous vous êtes référé. Puis interrogez de nouveau sur ce point "Est-il faux que...". En procédant point par point, vous finirez bien par découvrir le grain de sable et remettre la machine en marche.

Le pendule peut-il (doit-il?) répondre à toutes les questions ? Dans de nombreux cas, excepté pour les radiesthésistes très doués (il n'est pas question ici seulement de qualité intuitive mais de longueur de l'expérience ou de persévérance exceptionnelle dans le travail radiesthésique), le pendule demeure une voyance de proximité. Il est parfois difficile de "voir" – terme relativement peu approprié à l'exercice de la médiumnité – au-delà de trois mois. Il n'est d'ailleurs pas prouvé que ce soit souhaitable. Dans un ou deux ans, vous serez confronté à des problèmes nouveaux, mais également à des énergies nouvelles. Ce qui aujourd'hui pourrait vous paraître aberrant peut devenir à cette époque source d'épanouissement. Le futur, de cette manière, pourrait se trouver "faussé" par l'appréhension d'un avenir qui n'existe pas encore et d'un être qui reste à créer : vous, même dans quelques années.Le pendule nous permet donc de résoudre les problèmes en nous en livrant quelques clés égarées dans l'espace-temps.

DÉTERMINEZ AU PENDULE LA PÉRIODE PRÉCISE À LAQUELLE VOUS SORTIREZ DE L'IMPASSE... QUE VOUS AVEZ SOUVENT CRÉÉE !

Nous avons vu qu'il était inutile de reposer la même question plusieurs fois de suite. Par contre, il peut être profitable d'interroger le pendule à divers intervalles sur une question donnée. Les éléments peuvent s'être modifiés entretemps. De plus, votre état d'esprit a peut-être changé par rapport à la question. Exemple pratique : "Puis-je mener à bien l'entreprise envisagée ?".

A cette question, le pendule répond non, parce que vous ne possédez pas les fonds de mise nécessaires, ou parce que votre attitude vous ôte toute crédibilité, toute énergie, tout désir de combattre (rayez les mentions inutiles). Entretemps, vous avez rencontré un financier, ou vous-même avez changé, de telle manière que votre projet devient crédible et viable aux yeux de ceux qui s'y investissent.

Bien entendu, vous possédez également le recours, par questions successives d'aboutir dès les premiers temps à une réponse plus claire. Dans le cas de figure envisagé, la question suivante serait " Pourrais-je un jour mener à bien cette entreprise ?" Si le pendule répond oui, vous pouvez obtenir des précisions de temps. Quinze jours ? Le pendule n'oscille pas. Plus de quinze jours ? Réponse positive. Un mois ? Le pendule ne bouge pas. Plus d'un mois ? Réponse positive. De cette manière, vous pouvez fixer, de la manière la plus précise possible (ne demandez tout de même pas une précision au jour près !), la période de sortie du labyrinthe. Il ne tient ensuite qu'à vous de cerner, secteur par secteur, le (ou les) facteur qui détermine votre échec actuel.

Puis celui qui déterminera votre situation nouvelle, c'est-à-dire en quelque sorte le point sur lequel vous allez devoir travailler.

CALCULEZ VOTRE POURCENTAGE DE CHANCES DE RÉUSSIR DANS CE QUE VOUS ENTREPRENEZ

N'occultez en aucun cas une réponse qui vous dérange, ne correspond pas à votre vision des choses ou qui ne vous semble pas logique.

Cette mise au point nous semble nécessaire avant de parler d'un exercice de voyance radiesthésique basé sur les "calculs de probabilité" et "le principe d'incertitude" chers à la physique quantique.

Prenez une double copie grand format. Graduez-la de 10 en 10. Le premier trait indiquera 10%, le second 20%, le 3eme 30%. Procédez de la même manière jusqu'à 100%. Selon que le lancer initial du pendule vous soit plus aisé de gauche à droite ou de bas en haut, vous placerez la feuille à l'horizontale ou à la verticale. Concentrez-vous sur le problème dont vous souhaitez obtenir la solution.

Vous pouvez utiliser un mètre souple de couturière. Chaque centimètre représentera un pourcentage jusqu'à 100%

PLUS QUE JAMAIS L'IMPORTANT EST DE SAVOIR CE QUE VOUS DÉSIREZ EXACTEMENT

Votre question sera par exemple "Quel est mon pourcentage de chances d'obtenir cet emploi ?" ou " Quelles sont les chances que mon affaire aboutisse", "Quelle chance ai-je de gagner ce procès ?" S'il s'agit du domaine amoureux, vous devrez opérer de manière très précise, en séparant bien les domaines entre eux. "Quelle chance ai-je d'être aimé de X ?" est une fausse bonne question. L'amour est une notion vague, qui s'applique à bien des secteurs de nos rapports à l'autre et définit bon nombre de relations fort différentes les unes des autres. L'important est ce que vous désirez exactement. "Quelles sont mes chances de vivre avec X ?", "Quelles sont mes chances de faire l'amour avec X ?", "Quelles sont mes chances d'épouser X ?", "Quelles sont mes chances d'être désiré par X ?" sont des exemples de questions-clés. Évitez avant toute chose les formulations négatives, du style "N'obtiendrais-je pas ce travail ?" N'hésitez pas non plus à faire le tour de la question envisagée. Toutes les issues ne sont pas nécessairement bloquées. Vous pouvez à l'heure actuelle, n'avoir aucune chance d'épouser x, mais en revanche, être en bonne voie pour faire l'amour avec elle (lui). Et, de fil en aiguille... Une fois votre pendule lancé, il va stopper net sur un secteur déterminé, quelquefois même osciller vers la droite. Si cette zone est située entre deux graduations, vous pouvez, par recherches successives, obtenir un résultat plus précis.

SI VOUS OBTENEZ UN FAIBLE POURCENTAGE DE RÉUSSITE, NE VOUS DÉCOURAGEZ PAS... RECHERCHEZ QUELS SONT LES FACTEURS D'ÉCHEC

Si vous obtenez moins de cinquante pour cent et persistez néanmoins dans votre attitude, soit vous ne croyez pas au pendule – et dans ce cas pourquoi le pratiquer ? –, soit vous êtes une tête de mule, soit vous êtes tenace. Pourquoi pas ? La ténacité est parfois une bonne arme pour réussir. Entre 60 et 70%, vous avez dans votre jeu d'excellents atouts. Encore vous faut-il les utiliser.

La partie n'est pas gagnée, mais c'est en bonne voie. Si vous avoisinez ou dépassez les 80%, n'hésitez plus, foncez (avec tact néanmoins), même si les apparences semblent vous donner tort. S'il est un critère auquel la réalité n'obéit pas, c'est bien celui du réalisme.

Un écrivain disait, à juste titre, qu'à l'inverse du réel, un roman se devait d'être crédible et vraisemblable. Ne jetez pas le manche avant la cognée ! Méfiez-vous cependant de vos idées préconçues et des mouvements involontaires du poignet. Si vous êtes trop optimiste, votre pendule oscillera nécessairement vers le haut. Si vous êtes trop pessimiste, vers le bas. Si, dans les quinze jours ou le mois qui suit, votre situation n'a pas progressé, c'est que votre nature profonde vous a joué des tours.

Mais vous aurez ainsi la réponse à votre question fondamentale, à savoir le point sur lequel votre relation (ou votre recherche d'emploi) achoppe : votre enthousiasme déborde et la personne en face de vous se sent singulièrement envahie, ce qui rend difficile la communication.

En cas de pessimisme aigu, travaillez sur ce point de votre personnalité avant de vous attaquer au pendule, en glissant par exemple dans votre relaxation quelques messages positifs. "Je me sens de plus en plus fort", "Je me sens de plus en plus courageux", "Je prends conscience de ma force", "Je prends conscience de mon courage".

POUR VOTRE PREMIÈRE EXPÉRIENCE "IN VIVO", CHOISISSEZ UNE PERSONNE QUE VOUS CONNAISSEZ PEU

Il n'est pas toujours inutile de réinterroger le pendule, à huit jours d'intervalle par exemple. Si votre attitude a changé, il est fort probable que le pourcentage ne soit plus le même. Mais vous possédez également la possibilité, par le biais de la règle graduée, d'accomplir un tour d'horizon plus complet. Cernez au mieux les défauts ou les vices de forme qui pourraient entraver la réalisation de vos projets. Pour chacun d'entre eux, posez la question : "En quel pourcentage ce défaut entre-t-il dans le non-aboutissement de mes projets ?" ou "En quel pourcentage ce défaut constitue-t-il une cause d'échec ?"(question qui s'applique d'ailleurs tant au registre amoureux qu'à celui de la vie socio-professionnelle). Si le pourcentage obtenu est de plus de 50%, demandez, cette fois sans la règle graduée, si une amélioration de ce défaut augmenterait le pourcentage de réussite. Puis, avec la règle (si le résultat est positif) : "Quel serait, sans ce défaut, mon pourcentage de réussite ?" Ainsi, vous obtiendrez une vision plus objective, plus complète de la réalité des faits et pourrez agir en conséquence. Si le pendule vous propose un travail sur vous-même, aussi ardu soit-il, êtes-vous prêt à l'accomplir et l'enjeu en vaut-il réellement la chandelle ? Attention : ce que vous percevez comme une qualité chez vous peut être ressenti comme un défaut par l'autre. Un travail préalable consistera donc à définir si ce cas de figure se présente.

LE CONTACT PHYSIQUE PEUT PARFOIS JOUER LE RÔLE D'UN STARTER

Toute voyance au pendule sera plus efficace si elle connaît le support d'un témoin. Il n'est pas toujours aisé d'obtenir un élément concret (objet ou vêtement – ce peut être un mouchoir- ayant appartenu à la personne, cheveux, ongles...). Mais une photo, le logo d'une compagnie (s'il s'agit de travail) voire le simple nom inscrit sur une feuille – à condition que dans votre esprit, il y ait identité, le temps du travail, entre la personne et le papier qui la représente – peut amplement faire l'affaire. En cas d'exercice scripto-pendulaire "simple", vous ferez tourner votre pendule autour de cet élément. Si vous utilisez la règle graduée, placez-le à faible distance de celle-ci, de manière à ce qu'il soit visible mais n'entrave pas vos mouvements.

Au bout de combien de temps serez-vous susceptible de pratiquer sur une autre personne ? La réponse à cette question est infiniment variable. Elle dépend essentiellement de la régularité de votre entraînement, d'une part, de votre faculté à vous abstraire de vos propres problèmes, de l'autre.

La règle d'or est de commencer par une personne dont vous savez peu. Vous demeurez encore, faute de pratique "in vivo", trop influençable par autrui et vous pourriez ne faire appel qu'à la psychologie de la personne concernée plutôt qu'à une exploration plus holistique. En présence de quelqu'un dont vous ignorez presque tout, le champ d'influence de votre cerveau rationnel sera fortement réduit, du moins à sa portion congrue.

TOUT RADIESTHÉSISTE DIGNE DE CE NOM A COMMENCE SA CARRIÈRE DANS LE BÉNÉVOLAT

Plus que jamais, vous devrez atteindre l'état de "vide mental" propre à ce type d'opérations. L'appellation "vide mental" n'est d'ailleurs pas très exacte et manque de précision. Disons plutôt que le problème traité doit occuper entièrement le champ de votre pensée. C'est-à-dire que vous devez faire totalement abstraction du physique, des vêtements, de la présence ou l'absence de bijoux, etc., ainsi que de vos problèmes personnels, le temps de la "consultation"*. Pour cela, ayez recours à la relaxation ou à la fixation d'un objet, voire d'une flamme de bougie. Si cela vous aide, et si la personne l'accepte, prenez sa main peu de temps avant de poser la question. Vous établirez ainsi un contact, un échange d'énergies qui vous servira de "starter". Il se peut que vous soyez confronté, principalement les premiers temps, à un taux important d'échecs. Si tel est votre but final, ne vous précipitez pas, fort de vos réussites au niveau personnel, dans la création d'un cabinet de consultation. Sachez que tout radiesthésiste, digne de ce nom, a commencé sa carrière dans le bénévolat, étape nécessaire de l'apprentissage.

* Pour s'entraîner, cassette A la recherche du Maître.

Chapitre Cinq

PARTEZ A LA RENCONTRE DE VOS VIES ANTERIEURES

RÉINCARNATION : THÉORIES ET FAITS

Le père Biondi, aumônier des spirites de France, affirmait que nous étions confrontés à l'après-vie projetée de notre vivant. Celui qui croyait à la trilogie paradis/purgatoire/enfer se retrouvait en un lieu correspondant aux caractéristiques généralement admises quant à leur aspect. Celui qui ne croyait en rien retournait au néant. Celui qui croyait en la réincarnation vivrait un phénomène semblable, greffant son esprit sur celui d'un être vivant. Pour l'ecclésiastique, la réincarnation serait un parasitage, celui effectué par l'esprit d'un mort sur la conscience d'un vivant incarné, auquel il transmettrait ses informations. Pour le scientifique Jean Charon, nous aurions des milliers de réincarnations, les électrons nous ayant composés, partant, chargés d'informations vers une multitude d'êtres. Pour les Hindous, la réincarnation n'est pas une fin en soi. Nous sommes sur terre pour nous parfaire, et tant que nous n'avons pas atteint cette perfection, nous errons de corps en corps.

Le but, s'il faut en croire le maître Sri Aurobindo, serait de "sortir du cycle infernal des réincarnations". Un but que la philosophie de Mme Blavatsky, fondatrice de la Théosophie, aurait tendance à nous faire perdre de vue.

Cependant, quel que soit le point de vue adopté, si nous nous contentons des faits bruts, nous ne pouvons constater que deux choses :

1) Certains cas de réincarnation sont particulièrement troublants. On peut citer celui de Manika, en Inde, qui depuis son plus jeune âge, décrivit précisément sa famille antérieure... à l'autre bout du pays ! Elle finit par s'y rendre, reconnut chaque objet, en décrivit l'histoire, retrouva aisément sa chambre... Ce n'est pas le seul cas faisant incliner en faveur d'une réincarnation possible. D'autres, moins spectaculaires, n'en sont pas moins édifiants.

2) La régression dans les vies antérieures permet de définir la nature d'un mal ... et de le guérir ! Nous parlons ici principalement des traumatismes psychiques. Cependant, des personnes, atteintes de migraines permanentes ou de douleurs à la nuque, ont découvert en régression qu'elles avaient été frappées dans cette partie de leur corps...

Cette prise de conscience a suffi pour faire disparaître leurs maux. Une personne, ayant des problèmes relationnels avec les femmes, découvre qu'elle fut un séducteur, ayant un mépris absolu de ses amantes.

Dans ce cas, on parle de "dette karmique". Savoir ce qu'on a à "payer" peut nous permettre d'accélérer notre processus d'évolution en ce sens. Munis d'une base de travail, nous savons en quel sens œuvrer. Bien des personnes s'en sont vues, éclairées.

VRAIES ET FAUSSES RÉGRESSIONS DANS LES VIES ANTÉRIEURES

Si votre croyance, ou vos certitudes, vont dans le sens d'une vie antérieure, en connaître les éléments et les événements vous sera amplement bénéfique. Encore un mot sur les "régressions" : on ne peut affirmer avec certitude que la régression a bien eu lieu et n'est pas un produit de notre imagination quand elle fait appel à des détails inconnus de notre conscient : objets, vêtements, langage. Plus la description est précise, plus la régression sera efficace.

Si le pendule ne permet pas de conduire une régression dans les vies antérieures, il est susceptible de nous donner des informations très précises sur celles-ci et de provoquer l'émergence d'images enfouies dans notre subconscient. Le travail scripto-pendulaire constitue donc une sorte de prélude à une régression réussie.

PREMIER TRAVAIL : DÉFINIR SI VOUS AVEZ DÉJÀ VÉCU AVANT CETTE VIE... ET SI OUI, COMBIEN DE FOIS ?

Dans la perspective d'une réincarnation, sachez cependant qu'il ne va pas de soi que vous ayez connu d'autres vies avant celles-ci. Vous pouvez fort bien vous trouver dans votre première incarnation. La première question à poser sera donc celle-ci "Ai-je vécu au moins une vie antérieurement à celle-ci ?" ou "Suis-je dans ma première incarnation ?" Si le pendule répond non, il est inutile de poursuivre plus avant. Deux cas de figure peuvent se présenter : soit vous en êtes à votre première existence terrestre, auquel cas, les racines de votre mal se trouvent dans cette vie-ci. Rappelons que le mot "karma" ne désigne pas seulement les conséquences d'actes commis dans une vie antérieure, mais également les rapports de cause à effet dans notre existence présente. La "dette karmique" pourra donc concerner un enchaînement d'actions résultant d'une action antérieure, sans que cette antériorité soit issue d'une réincarnation. Il se peut également qu'une grande fatigue ou qu'un manque de concentration fasse dévier votre pensée. En ce cas, il est inutile d'insister davantage. Recommencez à un moment qui vous est plus favorable. Cet exercice n'exigeant pas une répétitivité, vous pouvez parfaitement le pratiquer pendant le week-end.

IL N'Y A PAS DE "DETTE KARMIQUE", MAIS UNE LOI D'ACTION ET DE RÉACTION ET UNE CLÉ DE NOTRE ÉVOLUTION

Si vous êtes victime de maux physiques ou de catastrophes se répétant régulièrement (ce qui ne signifie nullement, loin de là, qu'une exploration karmique exclut, en cas de maladie, une consultation médicale...

La collaboration étroite entre allopathie et travail à un niveau plus spirituel accélérera la guérison), et que vous découvriez l'existence d'incarnations précédentes, ne croyez pas que cela signifie que vos vicissitudes y trouvent nécessairement leur source. C'est pourquoi, dans ce cas de figure, vous devrez avoir recours à la question : "(énoncé concis du problème) trouve-t-il sa cause dans mes vies antérieures ?"

Questionnez ensuite le pendule pour savoir quel est le nombre de vos précédentes incarnations ? Commencez au bas de l'échelle. Puis montez progressivement. Si vous obtenez plus de dix, interrogez sur les dizaines. Vingt ? Non. Plus de vingt ? Oui. Trente ? Non? Moins de trente ? Oui. Ainsi, vous parviendrez à en définir le nombre. Si ce chiffre est important et que vous ayez découvert que vos problèmes prennent leur source dans une de ces incarnations, cherchez, par la même méthode, dans laquelle elle se situe. Il est probable que ce soit la première. Vous aurez ainsi, d'incarnations en incarnations, remis à plus tard un problème et, pour ainsi dire, les intérêts se sont accumulés. Mais plutôt que le terme de "dette" et d'intérêt, nous préférons nous référer à une loi d'action et de réaction propre à l'Univers dans lequel nous nous trouvons.

EN QUEL SIÈCLE AI-JE VÉCU JADIS ?

Il se peut aussi qu'ayant résolu le nœud d'un problème au cours de vos vies successives, vous en ayez généré un nouveau, que vous n'avez pu résoudre.

Peut-être possédez-vous des idées approximatives, à la suite de rêves ou de flashs, du lieu et/ou de l'époque dans lequel vous avez vécu... Il ne vous restera plus qu'à mettre vos intuitions à l'épreuve du pendule. "Ai-je vécu l'une de ces vies en Italie ?" "Ai-je vécu au XVIIIe siècle ?" Il se peut que le pendule réponde non, à votre grand dam. Notre imagination est prompte à se construire des châteaux en Espagne. La réalité de vos vies antérieures est peut être plus prosaïque que vous ne l'imaginez.

Une fois établie l'existence de vos vies antérieures et ayant déterminé celle qui fut la plus marquante par rapport à votre vie présente, celle qui vous permettra d'en mieux comprendre les aléas et d'accélérer votre processus d'évolution, vous allez définir l'époque à laquelle elle se déroulait. Commencez au XXe siècle, puis remontez de siècle en siècle. Quand vous aurez trouvé le siècle, par élimination, découvrez l'année de votre naissance et de votre mort. Demeure un problème important, celui du lieu.

EN QUEL LIEU SUIS-JE NÉ ?
EN QUEL LIEU SUIS-JE MORT ?

Établissez la convention mentale suivante : quand mon pendule se trouvera au-dessus de la région dans laquelle j'ai vécu lors de cette vie-là (celle dans laquelle se trouve la clé de votre existence présente), il oscillera vers la droite. Munissez-vous d'une carte du monde ou d'un globe terrestre. Afin d'éviter une recherche trop fastidieuse, questionnez d'abord votre pendule sur le continent où cette existence-là s'est déroulée. Vous cernerez ainsi la zone dans laquelle doit s'effectuer votre exploration radiesthésique.

Imprimez un mouvement latéral à votre pendule et promenez-le au dessus de la région concernée. Quand votre pendule amorcera un mouvement giratoire, fût-il léger, c'est que vous approchez de votre lieu d'origine.. Si vous êtes au-dessus d'un pays, demandez s'il s'agit bien de pays. Si vous possédez un atlas ou une carte du pays en question, vous pourrez pousser plus loin votre recherche et définir le lieu de votre naissance, tout d'abord, puis de votre mort.

Vous avez donc défini l'emplacement exact de votre précédente incarnation et l'époque où vous viviez. Il vous reste maintenant à définir votre rang social. Quelle était, dans cette époque, les principales classes sociales ? Voilà ce qu'il importe de définir.

Alors, vous pourrez vous attaquer au traumatisme proprement dit, si traumatisme il y a. Ici encore, nous procéderons par cercles concentriques, nous approchant à chaque question davantage de la vérité. "L'influence de cette vie sur la vie présente se situe-t-elle dans le domaine sentimental ? Non. Sur le plan de mes relations aux autres ? Non. Sur le plan de ma vie sociale ? Non. Sur le plan de ma vie professionnelle ? Oui. Sur le plan de ma santé ? Oui."

UN PROBLÈME DE SANTÉ ACTUEL, S'IL TROUVE SA SOURCE DANS UNE VIE ANTÉRIEURE, N'EST PAS NÉCESSAIREMENT LIÉ À CE DOMAINE !

Dans le cas choisi, l'influence se situe donc sur un double plan. Attention : les problèmes sont souvent à multiples tranchants. Qu'entendre par là ? Tout simplement qu'un problème influant sur votre vie professionnelle ou impliquant une perturbation physique ne se situe pas nécessairement sur ce plan-là dans votre vie antérieure. Un problème de santé peut très bien être la conséquence, dans la perspective réincarnationniste, d'une malversation financière ou amoureuse. Par exemple, dans le cas d'un problème d'impuissance ne résultant pas de causes physiologiques, ou de fortes douleurs aux mains, qu'elles trouvent ou non une explication médicale : un voleur peut être ainsi confronté au poids d'une culpabilité. Il est probable, en ce cas, que sa malhonnêteté, même si elle prend des formes différentes, ou son avarice (incapacité de donner et d'ouvrir ses mains et son cœur) persiste. La souffrance, liée aux vies antérieures, n'est que très rarement liée à la perpétuation d'un choc, même si cela se produit parfois, de manière souvent spectaculaire. Si cette douleur se perpétue à travers les âges, c'est qu'elle constitue un rappel de quelque chose que nous souhaiterions oublier. Elle nous dit que nous n'avons toujours pas tiré leçon de ce qui nous est arrivé.

LES PERSONNES QUI, DANS LEUR VIE PRÉCÉDENTE, ONT ÉTÉ GUILLOTINÉES OU VICTIMES D'UN COUP DE BÂTON RESSENTIRONT DES MIGRAINES PERPÉTUELLES...

Si votre recherche radiesthésique vous a permis d'établir l'existence d'une dizaine de vies antérieures, que la source de votre problème se situe lors de votre septième vie et que votre problème concerne une douleur physique, il est peu probable qu'il faille chercher, à la racine, dans cette direction. Il arrive en effet que, y eût-il trois siècles d'écart entre deux existences, une souffrance, un choc se perpétue d'une vie à l'autre. C'est le cas des personnes guillotinées ou assommées d'un violent coup de bâton, qui éprouveront de perpétuelles migraines ou des douleurs persistantes au niveau de la nuque. Mais si cette souffrance persiste plusieurs existences durant, c'est qu'elle signifie autre chose. Elle constitue un signe qu'il nous reste à déchiffrer. "La source de mon mal physique se situe-t-elle dans le domaine des sentiments ?", "Se trouve-t-elle dans le domaine de ma vie professionnelle ?" De la même manière un problème amoureux peut être la forme empruntée pour nous rappeler nos difficultés d'ouverture et de compréhension, qui peuvent s'être manifestées sous une forme différente. Une personne tranchante, égoïste, ne songeant qu'à ses biens ou exerçant un pouvoir à tort et à travers, peut subir le revers de ce pouvoir sur les autres en étant elle-même mise à l'épreuve *.

IL EST CONSEILLE D'EFFECTUER CES "EXPLORATIONS KARMIQUES" LE SOIR AVANT DE VOUS COUCHER

Beaucoup affirment que la carte du Pendu dans le Tarot est celle de la dette karmique. Ils ont raison en ce sens qu'elle signifie une épreuve imposée, quelquefois même par soi-même. Mais cette épreuve doit déboucher sur une compréhension, afin de porter ses fruits et être source d'un futur épanouissement. C'est après une telle épreuve, pendu par les pieds, tête en bas, que le Dieu Odin inventa les signes sacrés connus sous le nom de runes. La radiesthésie nous offre cette

* Les hommes en butte à des conflits féminins ont, dans de précédentes incarnations, exploité honteusement des femmes (harems, proxénétisme par exemple).

possibilité de connaissance. Il est d'ailleurs conseillé d'effectuer cette exploration des vies antérieures le soir avant de vous coucher. Pourquoi ? Parce que les rêves qui suivront la pratique de cet exercice peuvent vous permettre d'avancer davantage dans votre connaissance du nœud gordien, en un mot de vous éclairer sur l'existence antérieure et la quête qui en résulte.

Avant tout exercice, il convient de bien cerner vos motivations. Ne s'agit-il pour vous que d'un jeu de société ? En ce cas, sachez que le pendule peut refuser de répondre ou vous orienter vers des voies de garage, à partir d'indications fantaisistes. Vous pouvez ainsi vous retrouver aristocrate au XVIIIe... quelque part dans l'Antarctique !

Pensez-vous qu'un problème précis de votre existence actuelle puisse trouver son origine dans une vie antérieure ? Alors, procédez de la manière que nous vous avons décrite. Nul doute que votre recherche sera fructueuse.

MÊME SI CERTAINS SOUHAITENT L'EN DÉPOUILLER PAR SOUCI DE CRÉDIBILITÉ, LA RADIESTHÉSIE EST LIÉE A LA RECHERCHE SPIRITUELLE

Plus rare est la recherche purement spirituelle, la démarche qui vise à savoir quels sont, quant à nos vies antérieures, les points sur lesquels il nous reste à travailler et quels sont ceux qui nécessiteront une vie supplémentaire. La radiesthésie étant intimement liée à une optique spirituelle (bien que certains souhaitent l'en dépouiller par peur de n'être pas "scientifiquement crédibles").

Peut-être voulez-vous confirmer des visions que vous avez eues ? Le pendule peut alors devenir un guide fort appréciable dans le labyrinthe de vos sensations.

Il se peut également que vous cherchiez à “prouver”, à vous prouver que les vies antérieures existent bien. Tout dépendra en ce cas de votre degré de scepticisme. S’il est ancré en vous mais que vous aimeriez croire, le pendule ne vous démontrera rien, puisque vous n’accorderez pas foi aux informations recueillies. La radiesthésie, du moins quand elle concerne le seul pendule, si elle peut être spectaculaire quant au résultat obtenu, ne l’est certainement pas quant à ses manifestations.

QUEL ÉTAIT VOTRE NOM DANS VOTRE VIE ANTÉRIEURE ?

La recherche sur le nom que nous possédions alors, peu sembler aléatoire. Elle s’avère cependant utile pour plusieurs raisons. Elle peut nous aider notamment à mieux capter la “fréquence” sur laquelle se situe notre vie antérieure. C’est au plan vibratoire que nous nous adressons.

Les rêves liés à cette incarnation n’en seront que plus précis. Il est en effet plus aisé d’affirmer, avant de vous endormir : “A présent, je me branche sur la vibration d’untel ou d’unetelle, une de mes incarnations précédentes et mes rêves m’éclaireront sur sa vie” que de s’adresser à une notion qui demeure somme toute abstraite. “Je m’adresse au gentilhomme (ou au paysan) qui vivait au XVIIe siècle en Italie et qui fut l’une de mes incarnations précédentes...”. Si votre entraînement médiumnique (le médium étant le médiateur entre divers plans de conscience) est insuffisant, une telle démarche pourrait être, dans les premiers temps, couronnée d’insuccès. Un autre avantage de ce type de recherches : si le personnage évoqué appartient à la noblesse ou jouissait à son époque d’une certaine célébrité, vous pourrez en retrouver trace dans des ouvrages historiques, vérifiant ainsi que vos perceptions ne doivent rien à l’affabulation. S’il occupe un rang modeste, son nom vous renseignera sur ses ancêtres.

Durant longtemps, en effet, les noms de famille étaient fonction de la profession exercée par les parents et grands-parents. Vous le situerez ainsi mieux. Il vous sera plus familier.

PARTEZ EN QUÊTE DE VOTRE IDENTITÉ PROFONDE

Votre première question portera sur le nombre de lettres contenues dans le nom de famille. Moins il y en aura, plus votre quête sera facilitée (car c'est bien de quête, plus que de recherche qu'il s'agit : celle de son identité profonde). Commencez vos investigations radiesthésiques à cinq lettres. Il est rare en effet qu'un nom de famille en contienne moins. Pour plus de sécurité, si le pendule vous répond "non", demandez s'il contient plus de lettres. S'il oscille de nouveau vers la gauche, descendez d'un chiffre. S'il indique moins de trois lettres, c'est que vous manquez probablement de concentration. Vous allez ensuite interroger le pendule sur les lettres qu'il contient. Chercher lettre par lettre, en binaire, la présence ou l'absence des vingt-six signes de l'alphabet s'avérerait long et fastidieux. Nous vous conseillons de procéder par tranche de cinq lettres. "Le nom que je portais dans cette incarnation contient-il des lettres entre A et E ?" S'il répond oui, interrogez chaque lettre une à une. S'il répond par la négative, passez à la tranche suivante. Nombre de recherches inutiles seront ainsi évitées.

LA TECHNIQUE DE L'ASCENSEUR, POUR ENTRER EN RELATION AVEC VOTRE PRÉCÉDENTE INCARNATION

Vous avez maintenant obtenu les lettres entrant dans la composition de votre nom. Combien de fois se répètent-elles à l'intérieur de votre patronyme ? Procédez à partir du 1, en augmentant successivement le nombre. Il vous reste à placer ces lettres. Ne posez pas la question "Le I se situe-t-il à la deuxième place ?" si votre nom en contient plusieurs mais "La deuxième lettre est-elle un I ?" Faites également fonctionner votre connaissance des patronymes courants dans le pays concerné. Le I, pour l'Italie, et le O, pour l'Espagne, se situent couramment en dernière ou avant-dernière place (les noms en "os", par exemple). Demandez d'abord au pendule si cette lettre se trouve à cette place. Vous finirez par obtenir votre nom complet et pourrez effectuer le même type d'investigations sur votre prénom. Le prénom est ce qui marque le plus profondément l'identité du personnage rencontré.

Si vous pratiquez cet exercice dans l'après-midi, faites-le suivre d'une relaxation. Après un survol du corps (voir le chapitre sur la voyance), suivi d'inspirations et d'expirations profondes, imprégnez-vous de cette pensée : "Je pars à la recherche de X et de sa vie afin d'éclairer la mienne." Une fois ce démarrage amorcé, laissez-vous totalement aller, de plus en plus profondément, à l'intérieur de la relaxation. Si vous sentez que vous vous endormez, ne résistez pas. Peut-être votre sommeil sera-t-il riche d'enseignements.

QUELQUES CONTRE-INDICATIONS À CE TYPE D'EXPÉRIENCES

Pour ceux qui éprouveraient quelque difficulté à entrer en relaxation profonde, certaines techniques simples permettent d'en faciliter l'accès. La plus connue est celle de l'ascenseur. Visualisez-vous (c'est-à-dire représentez-vous sur votre écran mental) dans un ascenseur qui se trouve par exemple au troisième étage. Vous avez appuyé sur le bouton du cinquième sous-sol. Vous descendez lentement. Deuxième étage. Premier étage. Premier sous-sol. Deuxième sous-sol. Ainsi de suite jusqu'au cinquième. La porte s'ouvre. Vous entrez dans une pièce dont tous les murs sont peints en bleu ou en violet. Vous ouvrez une porte. Que trouverez-vous derrière ? Généralement ce que vous recherchez.

Existe-t-il des contre-indications à ce type d'expérimentations ? Avant de pratiquer ces exercices, il faut bien vous convaincre que vous vous trouvez face à une réalité passée qui influe sur votre présent, que vous n'êtes pas confronté à un fantasme. Si cette opération peut stimuler, par la suite, votre imaginaire, en vous mettant en relation plus intime avec votre cerveau intuitif, tant mieux. Mais les personnes trop imaginatives doivent se méfier de leurs projections, grâce auxquelles elles sont susceptibles de s'inventer des vies rêvées, afin de justifier un problème qui ne trouve sa source véritable que dans leur existence présente. Le but d'une telle opération n'est certainement pas de nous déculpabiliser, ni de justifier nos difficultés évolutives ("J'ai beaucoup de problèmes dans ma vie privée, mais c'est tout à fait normal après ce que j'ai vécu dans mes existences antérieures"... Ce genre de justifications est moins rare qu'on ne le pense !). Le but est au contraire de nous éclairer sur les aspects de notre personnalité à travailler en vue d'un épanouissement de notre potentiel humain. La régression dans les vies antérieures ne doit en aucun cas devenir un faux fuyant, mais une clé pour nous améliorer et vivre heureux le présent.

Une telle confrontation est à déconseiller aux personnes souffrant de troubles cardiaques. Revivre un choc antérieur pourrait fortement porter préjudice à leur intégrité physique (meurtre, chute d'une falaise, dévorée par un animal, etc.)

Ce sont-là les uniques contre-indications majeures.

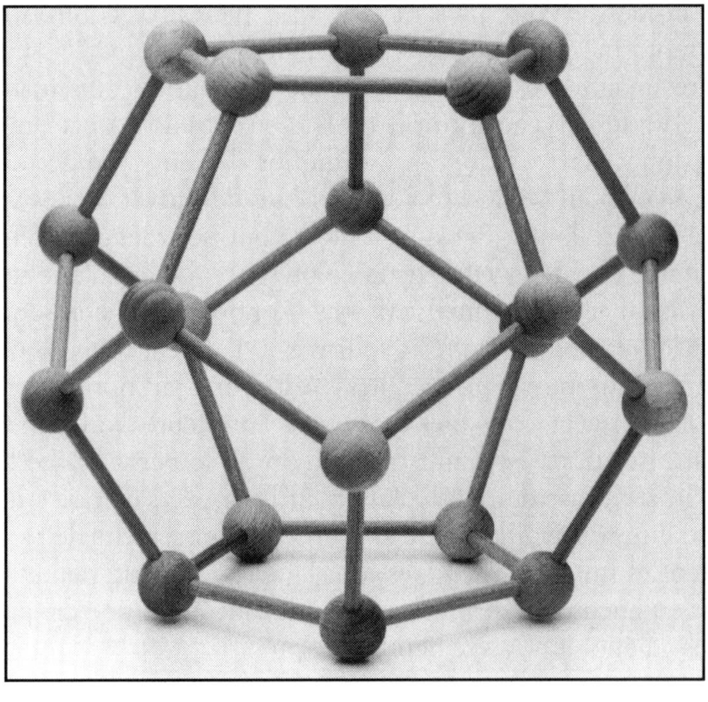

Le dodécaèdre

Chapitre Six

LES POUVOIRS DU DODÉCAÈDRE

UNE FORME QUI N'A PAS BESOIN D'ÊTRE "DÉCHARGÉE"

De toutes les formes utilisées dans la discipline dite des "ondes de forme", qui sert de base à une part importante de la radionique, le dodécaèdre est sans aucun doute l'une des plus fascinantes et des plus méconnues. Le dodécaèdre possède pourtant de multiples avantages, entre autres celui de ne pas nécessiter d'être "déchargé". On sait en effet que de nombreuses formes, et ce particulièrement dans le cas des instruments utilisés pour lutter contre les ondes nocives (voir le chapitre qui leur est consacré), atteignent au bout d'un certain temps un seuil de saturation. Elles doivent alors être rechargées en énergie positive. Il peut être utilisé en corrélation avec un autre instrument, car l'énergie qu'il dégage lui est spécifique.

Le dodécaèdre est une forme constituée de douze faces pentagonales, ce qui le rend particulièrement riche au niveau symbolique. Douze, c'est bien entendu le nombre de signes astrologiques et de mois de l'année. Dans le Tarot, c'est la carte du Pendu, c'est-à-dire de l'épreuve initiatique, de l'attente fructueuse, de l'épreuve imposée et, dans une perspective réincarnationniste, du karma. La forme pentagonale, quant à elle, est celle dans laquelle s'inscrit "l'Étoile de l'Homme", immortalisée par Léonard de Vinci : bras ouverts, jambes écartées, à l'affût de l'Infini, - La représentation de la vie par excellence -.

UNE FORME QUE L'ON RETROUVE DANS LES MOLÉCULES D'ADN

Pour certains, le dodécaèdre demeure à l'image même de l'univers, il en est en quelque sorte la figuration archétypique. Le pentagone détient-il le secret de la Vie ? Ne figure-t-il pas dans la section d'une molécule d'A.D.N., qui contient les informations sur notre potentiel humain ? Le pentagone, c'est le cinq, chiffre que l'on retrouve à tous les niveaux de la création : les cinq éléments chinois, les cinq doigts de la main et du pied, les cinq extrémités du corps (jambes, bras, tête), les cinq sens généralement acceptés, et bien entendu, la fameuse étoile à cinq branches. L'ordre des vertébrés, auquel nous appartenons, prend racine dans le règne des échinodermes (oursins, étoiles de mer), articulés autour du cinq. Dans le Tarot, le cinq est la carte du Pape, c'est-à-dire dans sa plus haute expression l'homme accompli, réalisé en tant qu'homme.

Bien avant Galilée, de nombreux chercheurs avaient compris que la terre n'était pas plate. C'est ce que semble nous démontrer le fameux modèle de Platon, qui avait représenté notre planète découpée géographiquement en douze pentagones. Un quadrillage qu'on pourrait, en quelque sorte, comparer au réseau Hartmann. Deux physiciens, Gontchearov et

Saunderson, ont démontré que le centre de certains de ces pentagones correspondait à de hauts centres énergétiques : la Pyramide de Khéops, le Triangle des Bermudes, l'Ile de Pâques, la Mer du Diable. Est-ce au centre de l'un de ces pentagones que l'Atlantide fut engloutie ? On ne peut émettre à ce sujet que des suppositions, mais si les descriptions géographiques données à ce sujet par Platon demeurent exactes, il y a tout lieu de le croire.

CHAQUE PENTAGRAMME EST CONSTRUIT SUR LE PRINCIPE DU NOMBRE D'OR OU "DIVINE PROPORTION" !

Il est à noter que chaque face du dodécaèdre est construite sur le principe du nombre d'or, ou divine proportion, que l'on retrouve à l'œuvre dans la Nature. Cette proportion fut redécouverte à la Renaissance. Elle préside à tous les tableaux de cette période et leur confère une harmonie, un équilibre, qui se retrouvent par exemple au niveau des arbres et de notre corps. Si le pentagramme est une forme sacrée, imaginez ce que peuvent donner douze pentagrammes se touchant par un côté !

Cette dimension mystique du dodécaèdre fut découverte, si l'on s'en fie aux stricts faits concrets et aux recherches archéologiques, par nos ancêtres les Gaulois. On a retrouvé en effet des dodécaèdres étoilés en Gaule et en Etrurie. Ils sont généralement en bronze. Le poids de certains dépassent le kilo. Les archéologues ont longtemps hésité quant à leur nature et à leur usage.

Mais beaucoup s'accordent aujourd'hui à dire qu'ils entraient dans le cadre de cérémonies religieuses et de jeux de divination. Dans un certain sens, on peut affirmer que la forme dodécaédrique est une variante de l'œuf, qui, dans de nombreuses religions, est à l'origine de la création. On rapproche d'ailleurs les dodécaèdres des œufs de serpents décrits par Pline l'ancien pour leurs vertus bénéfiques ?

Il s'agit de serpents lovés et enlacés l'un à l'autre. On retrouve des dodécaèdres un peu partout dans le monde, notamment au musée de l'Homme, à Paris. En explorant les sous sols de la cathédrale Saint-Pierre de Genève, on a pu découvrir des dés de forme dodécaédrique. Sur chacune des faces se situe un signe du zodiaque.

LE DODÉCAÈDRE PROVOQUE DES RELAXATIONS PLUS PROFONDES

L'intérêt majeur du dodécaèdre est qu'il s'agit d'une forme "ouverte", se rapprochant en cela des pyramides structure. Cependant, son effet ne demeure pas limité à l'intérieur de sa géométrie. Le dodécaèdre rayonne vers l'extérieur, ce qui en multiplie les possibilités.

Ainsi, il suffit de placer un dodécaèdre dans une pièce pour en mesurer les effets. Un enfant nerveux s'apaisera en sa présence. On a également remarqué que ceux qui pratiquaient le yoga ou la relaxation atteignaient une plus grande profondeur de champ grâce au dodécaèdre. On peut également méditer à l'intérieur d'un dodécaèdre de grande taille, mais ceux-ci demeurent difficiles à trouver. C'est dommage.

Lorsque vous effectuez une dynamisation radiesthésique, placez l'objet ou le mot témoin sur la table et balancez votre pendule au niveau du pentagone central. Ceci est particulièrement valable dans le cas des énergétisations au niveau santé. En ce qui concerne les harmonisations amoureuses, placez une carte (tarot) ou une photo témoin vous représentant au sommet du dodécaèdre et la photo de la personne dont vous désirez susciter, entretenir ou vitaliser l'amour à la base. Puis concentrez-vous et pratiquez une giration de votre pendule vers la droite en surplombant la forme.

À L'INVERSE DE LA PYRAMIDE, CHAQUE FACE DU DODÉCAÈDRE EST ÉGALEMENT ÉMETTRICE

Vous pouvez également placez votre témoin sur la figure centrale arrière du dodécaèdre et celui de l'autre personne lui faisant face. Collez ces éléments avec du scotch sur la face externe du dodécaèdre, mais tournés vers l'intérieur. Il est essentiel que les deux éléments soient en vis à vis.

Si d'autres éléments entrent en jeu (témoin corporel, témoin-papier additif ou dans le cas d'une opération portant sur le domaine de la santé, représentation de la partie du corps), ils devront être placés à la base du dodécaèdre et, de préférence si cet élément est de petite taille, au centre du pentagramme.

N'oubliez pas qu'à l'inverse de la pyramide, dont le fonctionnement maximal s'exerce au niveau de la chambre du roi et dont l'énergie rayonne de bas en haut (voir ce chapitre), toutes les facettes du dodécaèdre sont également actives. Son énergie rayonne dans toutes les directions.

Le mouvement scripto-pendulaire, effectué de gauche à droite, devra toujours s'effectuer à partir du témoin émetteur, celui qui envoie l'énergie, c'est-à-dire celui vous représentant, au niveau de ce témoin. Si vous êtes neurasthénique ou que vous connaissiez une personne dans cet état, nous vous recommandons la carte de la Force et celle de Tempérance, se faisant face et échangeant leurs énergies dans un but de rééquilibrage harmonique.

UN PENDENTIF DE FORME DODÉCAÉDRIQUE N'EST NI UN GRI-GRI, NI UN TALISMAN MAIS UNE FORME ACTIVE, C'EST-A-DIRE ÉMETTRICE

Vous pouvez également porter un petit dodécaèdre* en pendentif. Il vous fera prendre conscience de votre potentiel énergétique. Il ne s'agit pas ici d'un "talisman" (encore que certains de ceux-ci, bien utilisés et bien compris, peuvent s'avérer efficaces) ou d'un quelconque "grigri" mais d'une forme active, c'est-à-dire émettrice. Il se peut que votre dodécaèdre soit trop petit pour contenir un témoin. En ce cas placez celui-ci, dans le cas d'une photo ou d'un témoin papier, sous le dodécaèdre. Qu'importe si les bords en dépassent ! Pour renforcer un vœu, vous pouvez l'inscrire, face imprimée tournée vers l'intérieur du dodécaèdre et papier fixé à l'extérieur, sur douze bouts de papier que vous collerez sur le dodécaèdre. En aucun cas, vous ne devez céder à l'impatience et effectuez votre geste de façon mécanique. En écrivant, vous devrez vous concentrer sur le résultat accompli, non sur les moyens de l'accomplir ni sur la situation présente, telle qu'elle est ou vous semble être. La répétition d'une pensée l'alimente et la rend active. Il s'agit, à échelle réduite, d'une reproduction du phénomène de l'égrégore. Ce qui est en haut est comme ce qui est en bas, disait Hermès Trismégiste...

VOTRE FORCE PENSÉE AMPLIFIÉE COMME PAR UN JEU DE MIROIRS LA REFLÉTANT À L'INFINI

Une fois collés vos témoins-papiers sur toutes les faces du dodécaèdre, lancez votre pendule à partir du sommet dans un mouvement tournant vers la droite. Pendant cette giration, concentrez-vous sur le résultat, comme s'il était déjà acquis.

*Librairie de l'Inconnu - 84 rue du Cherche Midi 75006 Paris.

Les douze faces de votre dodécaèdre se renverront l'énergie communiquée, s'alimentant l'une l'autre, à la manière d'un jeu de miroirs reflétant votre pensée à l'infini. Recommencez cet exercice au moins une fois par jour, pendant une dizaine de minutes environ, sur une période de quinze jours. Si l'arbre n'a pas donné les fruits désirés, une fois ce temps écoulé, ce qui est peu probable car le dodécaèdre est une forme extrêmement puissante. Renouvelez l'opération autant de fois que nécessaire.

Avant cette nouvelle série d'opérations, interrogez votre pendule : "La non-réalisation de mon vœu par l'intermédiaire du dodécaèdre est-elle normale ?. Si votre pendule répond non, vous vous trouverez face à cette alternative : soit le problème vient de l'opérateur, soit il vient de la situation ou de l'autre personne elle-même ; dans le premier cas, il peut s'agir de fatigue, d'un manque de concentration, d'un doute ou d'une ambiguïté dans le désir. Êtes-vous certain que vous souhaitiez du fonds du cœur ce que vous affirmez, avec toutes les implications que cela suppose quant à votre mode d'existence ?

CE QUI IMPORTE DANS LE SYMBOLE, C'EST L'IDENTIFICATION, DANS L'ESPRIT DE L'OPÉRATEUR, ENTRE CE SYMBOLE ET LA SITUATION QU'IL SCHÉMATISE

Si vous découvrez une faille au niveau de votre volonté, explorez à fond le problème, les avantages et les inconvénients de la situation nouvelle que vous engendreriez ainsi, jusqu'à ce que vous soyez persuadé de la supériorité des premiers sur les seconds, et donc de votre aspiration à changer. S'il amplifie votre pensée, le dodécaèdre amplifiera également un état négatif que vous projetteriez à travers lui. Cette remarque n'est paradoxalement pas valable en ce qui concerne les effets apaisants de cette forme.

Si la non-réalisation est directement en rapport avec la situation ou le thème traité : 1) la situation est bien plus complexe que vous ne l'aviez imaginée au premier abord – plusieurs problèmes forment un nœud de vipères et peut-être ne vous attaquez-vous qu'à l'apparence au lieu de vous attaquer à la cause ; 2) vous vous heurtez à une volonté de refus plus puissante que votre désir. Si c'est le cas, vous pouvez soit renoncer soit réattaquer le problème sous un angle différent, en étudiant au pendule vos possibilités d'action. Il n'est de forteresse qui ne possède de faille. Il se peut aussi qu'ayant cerné les éléments sur lesquels il vous faudrait agir pour enclencher une situation nouvelle, vous estimiez que le jeu n'en vaille vraiment pas la chandelle. Dans le domaine de la séduction, par exemple, le pendule peut vous indiquer des points de votre personnalité à modifier pour conquérir. Ces modifications ne vont pas nécessairement dans le sens de votre être profond, ni de l'épanouissement de votre personnalité. C'est ce qu'on appelle une incompatibilité d'humeur.

DES RÉSULTATS STUPÉFIANTS DANS LE DOMAINE DES AFFAIRES ET DE LA VIE PROFESSIONNELLE

Dans le domaine des affaires, et ce même si vous êtes mauvais dessinateur, vous pouvez représenter en image sur un papier témoin, ce qui constitue pour vous le signe extérieur de votre réussite. Il peut s'agir d'un objet, d'une situation, d'une action, voire d'un signe comme le V de victoire, qui par ailleurs représente également la partie supérieure de l'étoile de l'homme. Ce qui donne sa force au symbole n'est pas la perfection de sa reproduction, mais l'identification, dans l'esprit de l'opérateur, entre ce symbole et la réalité qu'il schématise et résume.

Ce symbole devra être placé dans le pentagramme central opposé à vous. Dans celui qui se trouve face à vous, vous placerez une photo de vous, de manière à ce que votre énergie se dirige vers le symbole, avant de rejaillir sur l'élément placé sur le pentagone en central en contact direct avec la table ; il s'agira d'un élément représentant l'entreprise, ou le type d'entreprise, dans lequel vous désirez vous intégrer, le secteur dans lequel vous souhaitez travailler. Vous pouvez également utiliser, en guise de témoin (sur le pentagramme central opposé à vous ou au sommet du dodécaèdre) une carte du Tarot. Dans le domaine professionnel, il s'agira du Bateleur, si vous souhaitez monter une entreprise, de l'Amoureux pour les Associations, de l'As de Denier pour les tractations financières, du Pape pour les postes à responsabilité ; vous pouvez même utiliser ces trois éléments réunis.

UNE MÉTHODE QUI DIFFÈRE DE CELLES UTILISÉES POUR LES PYRAMIDES

Beaucoup des exercices pratiqués par l'intermédiaire de la pyramide peuvent également l'être par celui du dodécaèdre, à condition de toujours respecter le principe d'une face émettrice, par laquelle vous transmettrez l'énergie du pendule, et d'une face réceptrice, qu'il vous faudra définir à l'avance. Il existe cependant des exceptions.

La dynamisation d'un organe est exclue, de même que la programmation cristal et l'augmentation du potentiel médiumnique d'un encens ou la transmission de l'énergie d'un médicament (et non du médicament lui-même) ; du moins selon les méthodes étudiées au chapitre des pyramides. Dans ces trois cas, il est hors de question de placer le témoin sous dodécaèdre. Installez-vous sur le côté de votre forme géométrique ; du côté gauche, à quelques centimètres de celle-ci, placez votre témoin, avec lequel votre main restera en contact. Entendons-nous : contact ne signifie pas nécessairement que vous teniez l'objet en main, ni même que vous le touchiez. Contact possède ici un sens plus subtil, au niveau énergétique. Il suffira, par exemple, que vous placiez votre main légèrement au dessus du témoin. Dans votre main droite le pendule, que vous ferez osciller vers la droite au niveau du pentagramme central, en prenant garde que votre main ne soit pas parallèle, mais perpendiculaire au dodécaèdre.

PROJETEZ UN PHOSPHÈNE À L'INTÉRIEUR DU DODÉCAÈDRE

En ce qui concerne les principe et utilisation du phosphénisme, nous vous reportons au chapitre “Les applications médicales... et leurs dangers”. La structure ouverte du dodécaèdre permet cependant une opération particulière. Placez votre lampe face au dodécaèdre. Lorsque vous aurez maîtrisé la permanence du phosphène, visualisez une partie de votre corps ou fixez-la intensément et imaginez-y la présence du phosphène.

Certains y réussissent du premier coup, d'autres doivent s'armer de patience. Cela ne signifie rien ; ce qui compte, c'est la qualité du résultat final. Avec un certain entraînement, vous réussirez à diriger ainsi le phosphène d'une partie à l'autre de votre corps. Quand vous y serez parvenu, dirigez ce cercle coloré vers la “porte” qui se trouve face à vous, le pentagramme situé au centre. Vous pouvez également tenter de visualiser une entrée par le sommet, mais celle-ci demande davantage de maîtrise.

Quand le phosphène aura pénétré à l'intérieur de l'enceinte sacrée du dodécaèdre, caisse de résonance des désirs, orientez-le vers le centre. Tentez de l'y maintenir le plus longtemps possible, c'est-à-dire en règle générale quelques minutes, parfois moins.

VOUS AVEZ DIT VOYANCE ?

Cet exercice favorise la concentration et l'éclosion des facultés médiumniques et constitue une excellente relaxation. Il arrive qu'au bout d'un moment, le phosphène se disperse en petits filaments blancs. Suivez l'un de ces filaments, qui se décomposera à son tour. Suivez de nouveau ce sous-filament et ainsi de suite jusqu'à ce qu'il n'y ait plus rien. Vous serez alors apte à exercer tous types de voyance. Certains usagers des phosphènes font même état de visions, de flashes relatifs au problème qui les préoccupe, au moment immédiat qui succède à la disparition totale du phosphène et de ses “résidus” ; si vous n'obtenez rien de tel, emparez-vous du pendule et posez les questions qui vous tiennent à cœur, ou pratiquez, toujours guidé par le mouvement positif radiesthésique, une visualisation. L'association dodécaèdre/phosphènes/visualisation est riche de possibilités. Comme vous vous en doutez peut être, les exercices précédents ne constituent qu'une friandise, la première marche vers un sommet. Vous allez vous fixer à présent un objectif plus complexe, afin d'atteindre une parfaite maîtrise de l'orientation et de la durée des phosphènes. Ce sera en quelque sorte la seconde marche vers le pouvoir absolu : celui que l'on a sur soi et sur sa propre volonté.

L'ÉTOILE DE L'HOMME PEUT VOUS GUIDER VERS UNE MEILLEURE CONNAISSANCE DE VOUS-MÊME ET DE VOS POTENTIALITÉS (DESSIN)

Au milieu d'une feuille de papier de format 21x 29,7 ou dans une double feuille à papier quadrillé, découpez une étoile à cinq branches. Ce n'est pas l'étoile en partie pleine que vous collerez sur le pentagramme central qui vous fait face, mais bel et bien la feuille de papier au centre de laquelle la partie vide dessine l'étoile de l'homme. Renouvelez l'exercice phosphénique étudié plus haut. Il existe cependant une grande variante : cette fois, c'est à travers l'étoile ajourée que vous allez tenter de faire passer votre phosphène. Cet exercice peut vous prendre un certain temps. Si vous sentez que vous commencez à vous énerver, n'insistez pas car le dodécaèdre ne ferait que réfléchir votre agacement et l'amplifier. Ce n'est guère le but de l'exercice !

En ce cas, réitérez vos essais le lendemain ou le surlendemain, voire si vous vous sentez en de meilleures conditions, à un autre moment de la journée. Il se peut que cet exercice vous paraisse difficile, peut-être même irréalisable au premier abord. En ce cas, commencez par la forme carrée ou circulaire, plus “malléables”. Vous aurez bientôt acquis suffisamment de confiance en vous et en vos possibilités pour passer au degré supérieur.

DES VISUALISATIONS BIEN SUPÉRIEURES, TANT PAR LEUR NETTETÉ QUE PAR LEUR IMPACT

Cet exercice est déjà, en soi, une école de maîtrise de soi et de canalisation de nos dons, canalisation/cristallisation à laquelle on ne peut parvenir que par un travail assidu. Mais il permet en outre d'obtenir des visualisations bien supérieures, tant dans leur netteté que dans leur impact, que celles pratiquées par d'autres méthodes.

Les perfectionnistes pourront augmenter la difficulté en plaçant cette fois-ci l'étoile en creux du côté du dodécaèdre qui leur est opposé. Ils dirigeront alors le phosphène vers le centre de l'étoile, en entrant par “la porte principale”. Est-ce un jeu ? Oui, c'en est un, dans la mesure où tout jeu nous permet d'approfondir la connaissance que nous avons de nous-mêmes et de nos potentialités ; il nous aide également à les vivre et les assumer.

A présent, vous êtes prêts à passer à la phase suivante : vous allez projeter le phosphène à l'intérieur du dodécaèdre et visualiser, par une image simple, à l'intérieur du phosphène, la situation que vous voulez vivre ; répétez quotidiennement cette opération. Pour vous familiariser avec elle, choisissez d'abord une action dont le résultat ne possède dans votre vie que la valeur d'un "plus" et non d'une question essentielle. Quand vous pourrez maintenir cette image quelques minutes à l'intérieur du phosphène, lui-même au centre du dodécaèdre, vous aurez fait un grand pas en avant.

OU LE PENDULE INTERVIENT DANS UNE VISUALISATION "ACTIVE"

Votre image est maintenant puissamment chargée et armée pour affronter la réalité. Vous pouvez cependant faire mieux encore ; toujours de manière schématique, imaginez (l'imagination est ici une valeur active et non passive) de nouveau la situation en question, mais cette fois ci en mouvement. Pour parfaire cette réalité, vous pouvez même user d'une forme de clairaudience, en entendant le mot qui scellera votre accord, quelle qu'en soit la nature. Si vous ne connaissez pas le langage utilisé par la personne dont dépend, par exemple votre promotion, servez-vous de mots les plus simples possibles. Ne vous perdez pas en conjonctures en tentant de fixer votre attention sur les détails de la situation. Plus vous ferez cela, plus votre image se troublera et deviendra confuse, parce que trop surchargée. L'essentiel est de pouvoir la visualiser de manière "globale". Si vous devez cristalliser votre pensée sur un détail particulier, attachez beaucoup d'importance aux inflexions vocales de la personne (ou aux vôtres). Votre exercice aura ainsi, en quelque sorte, valeur d'incantation. Lorsque tous ces éléments formeront pour vous un ensemble uni, qui ne vous posera plus problème, vous pouvez utiliser votre pendule pour donner encore plus de poids à votre affirmation d'une réalité future. Faites-le girer positivement près du pentagramme qui vous fait face, mais à une distance suffisante pour préserver la souplesse de vos mouvements.

DES SYMBOLES UTILISÉS POUR LA DÉTECTION DES DONS PARANORMAUX

L'idéal serait de visualiser le phosphène à l'intérieur d'une étoile à cinq branches, mais si vous ne maîtrisez pas parfaitement les éléments précédents, cela risque de rendre votre visualisation trop complexe. A moins que vous ne fixiez par un fil de nylon partant du sommet du dodécaèdre, une étoile en creux entourée d'un petit carré. Carré, cercle, étoile, ces symboles sont universels. Ce sont d'ailleurs ceux utilisés par les parapsychologues (les fameux tests de Rhine, repris par notre hexagonal Yves Lignon) pour détecter les dons paranormaux en général et la télépathie, la voyance en particulier.

Ceci nous amène à poser deux questions, que nous n'avons délaissées qu'en apparence, afin de mieux nous consacrer à l'exploration des possibilités multiples de cette forme géométrique étonnante : quelle matière devons-nous utiliser pour le dodécaèdre ? Certaines solutions s'éliminent d'elles-mêmes, comme la construction par ses propres soins d'un dodécaèdre en carton. Si l'aventure vous tente, nous vous souhaitons bon courage ! Plus sérieusement, le dodécaèdre est une forme trop complexe pour le bâtir de manière "artisanale" chez soi. Il existe deux modèles : l'un en bois, l'autre en métal doré. Les plus courants mesurent 8,5 cm de hauteur*.

* Disponible à la Librairie de l'Inconnu 84 rue du Cherche Midi 75006 Paris

LE DODÉCAÈDRE D'ACIER SEMBLE A PRIORI PLUS PROPICE AUX ACTIONS DE VOLITION

L'acier possède une puissance plus grande, vraisemblablement en raison de ses reflets métallisés qui jouent le rôle de réverbérateur d'un miroir. Il convient notamment à la protection. Il est bon de posséder ce type de dodécaèdre dans la pièce principale et en tout lieu à "décharger". Certains exercices liés au dodécaèdre seront plus amplement évoqués dans le chapitre relatif aux ondes nocives et à la géobiologie. Le dodécaèdre d'acier semble à priori plus propice à une action de volition, mais certains se sentiront plus en accord avec le matériau bois. Ce dernier concerne plutôt la relaxation, le repos, la méditation et par conséquent l'évolution spirituelle. Mais on peut affirmer sans crainte que les deux sont intimement liés. Un conseil cependant : si vous pratiquez avec des témoins fixés sur votre dodécaèdre, munissez-vous de chatterton. Il accrochera mieux que le scotch. C'est le genre de détails techniques auxquels on ne pense pas forcément au moment d'accomplir ce type d'exercices. C'est bel et bien la preuve de ce que nous affirmons plus haut. En fait, je crois que le choix de la matière dépend de l'affinité du moment. Tel jour, nous nous sentirons plus en harmonie avec un dodécaèdre de bois, tel autre avec un dodécaèdre d'acier.

LE DODÉCAÈDRE DOIT-IL RESPECTER UNE ORIENTATION PARTICULIÈRE ?

L'acier pourra nous paraître trop froid pour une harmonisation amoureuse, ou au contraire être l'expression d'une volonté que rien n'arrête.

La seconde question est celle de l'orientation du dodécaèdre. Celle-ci doit-elle respecter un ordonnancement particulier. Tout d'abord, si le but recherché est un assainissement ou un mieux être dans l'ensemble de l'appartement, on placera celui-ci de préférence au centre de la pièce. En second lieu, l'un des côtés du pentagone supérieur devra être orienté vers le Nord. Ainsi que nous le signalons dans le chapitre concernant les pyramides, deux précisions s'imposent : côté ne signifie pas arête. De même, le Nord dont nous parlons n'est pas le Nord géographique, mais le Nord magnétique indiqué par la boussole. On nous demande quelquefois où il est possible de se procurer une boussole : en règle générale, dans certains bazars ou marchands de couleurs, boutiques de camping ou grands magasins, tel le B.H.V, les opticiens, l'Institut géographique National.

Refermons cette parenthèse et passons à un domaine généralement reconnu comme hautement spirituel : celui de l'harmonisation des chakras. Point n'est besoin d'être malade pour le pratiquer.

COMMENT ET QUAND PRATIQUER, PAR LE BIAIS DU DODÉCAÈDRE, UNE RÉHARMONISATION DES CHAKRAS

La vie moderne engendre en nous un certain nombre de déséquilibres et obture, pourrait-on dire, nos facultés d'ouverture, de compréhension et d'harmonie. L'harmonisation des chakras permet de réaliser son unité et d'être en paix avec soi-même. Elle rend nos décisions plus promptes et en même temps plus équitables.

Quand la pratiquer ? Généralement le soir, lorsque notre cerveau "rationnel" est mis en veilleuse ou le matin au réveil, avant de partir au bureau par exemple. Allongez-vous à même le sol, dans la position qui vous est le plus confortable (un tapis, par exemple, sera le bienvenu. Ne le choisissez pas trop râpeux, car cet exercice se pratiquera de préférence nu, afin de ne créer aucune barrière entre votre corps et les vibrations du dodécaèdre). Placez le dodécaèdre, selon l'orientation que nous avons indiquée, alternativement au niveau de chacun des chakras et relaxez-vous totalement.

Laissez l'énergie du dodécaèdre les pénétrer et accomplir son travail de régulateur organique. Dans un premier temps, ne gardez pas le dodécaèdre plus de cinq minutes sur chaque chakra, ce qui constitue quand même un exercice de trente-cinq minutes.

POUR INDIQUER LA FIN DE L'EXERCICE, CHOISISSEZ DE PRÉFÉRENCE UNE MUSIQUE TRÈS DOUCE, DU TYPE "NEW AGE"

Comment calculer ce temps ? Il serait bien sûr mal venu d'utiliser la sonnerie d'un réveil-matin, qui vous sortirait trop brusquement de votre état sophronique. En revanche, vous pouvez user d'un radio-réveil à cassettes (prévoyez quarante-cinq minutes, en tenant compte de la "mise en place") que vous réglerez sur une musique douce, du type new age. Le temps de l'exercice écoulé, vous pourrez décider de prolonger celui-ci de quelques minutes ou de l'arrêter, quitte à le reprendre dans la soirée, si vous pratiquiez le matin, au point où vous l'aviez laissé.

Chapitre Sept

PYRAMIDE ET PENDULE, DEUX ALLIÉS BÉNÉFIQUES

NON, LA DÉCOUVERTE DE L'ÉNERGIE DES PYRAMIDES N'EST PAS NÉE DE L'ESSOR DU MOUVEMENT "NEW AGE" !

Dans les années soixante-dix, l'ouvrage de Serge V. King sur l'énergie des Pyramides obtint un succès qui ne s'est jamais démenti. Un succès qui dépassait largement le cadre des amateurs d'ésotérisme. Ce chercheur mettait en relief l'influence de la forme pyramidale sur la croissance des plantes, l'affûtage des rasoirs ou la momification des steaks. Les expérimentations (par ailleurs fort respectables) de l'auteur tendraient pourtant à nous faire oublier deux points essentiels.

Le premier, c'est que ces découvertes ne sont pas nées avec l'essor du mouvement dit "New Age". C'est en fait dans les années 30 qu'un Français, André Bovis découvrit, dans la Grande Pyramide de Khéops, plusieurs animaux momifiés. Beaucoup se seraient contentés de cette étrange observation et n'y auraient pas recherché un rapport de cause à effet. Mais Bovis, esprit novateur a l'idée de construire une copie à l'échelle de la Pyramide de Khéops, sous laquelle il place un petit morceau de viande. A sa grande stupéfaction, ça marche ! Le bout de steak est momifié, c'est-à-dire déshydraté. Son interrogation est la suivante : la forme pyramidale aurait-elle une influence méconnue sur les molécules de l'eau ? André Bovis soumet sa découverte aux scientifiques de tous poils. Il se heurte au mépris et à l'indifférence. Il faut dire qu'il possède un tort irréparable : s'être auparavant penché sur ce que nous appellerions aujourd'hui parapsychologie. Mais d'autres chercheurs confirmeront son étonnante intuition.

CERTAINS AMÉRICAINS ACHÈTENT DES PYRAMIDES DANS LE SEUL BUT DE MOMIFIER LEURS STEAKS ET D'AFFÛTER LEURS LAMES DE RASOIR !

Dix ans plus tard, deux scientifiques d'origine américaine (Verne Cameron et Ralph Bergstresser) et un Tchèque (Karl Drbal) mènent parallèlement des recherches axées sur la pyramide. Drbal découvrira une propriété étonnante de cette forme : elle affûte les lames de rasoir, et leur donne une durée de vie de dix fois supérieure à la moyenne. Il ouvre ainsi la voie, sans le savoir, à une sorte de “mercantilisme” des pyramides. De nombreux américains se sont mis à acheter des pyramides... dans le seul but de momifier des steaks (par ailleurs souvent immangeables !) et d'affûter leurs lames de rasoir !

Ceci nous amène au second point occulté par le best-seller de Serge V. King : l'importance des pyramides, ou plutôt des formes pyramidales, dans le domaine de la recherche spirituelle et de la réalisation de nos désirs. Et force nous est de constater que dans ce domaine-là, tout reste à dire...

ou presque ! On a glosé pour savoir si l'énergie émanait de la forme elle-même ou si cette forme était réceptrice de l'énergie, voire si l'efficacité de cette structure géométrique n'était pas en partie due à nos affinités avec la tradition égyptienne. Peu nous importe, c'est l'efficacité de l'objet, qui constitue une sorte de base de lancement pour les exercices spirituels.

QUEL PENDULE UTILISER ET SURTOUT QUELLE PYRAMIDE ?

Nous ne nous étendrons pas sur ces possibilités, mais sur la manière dont pendule et pyramide jouent l'un sur l'autre un rôle d'amplificateur comme si la pyramide était, pour le pendule, une sorte de chambre d'écho. Quel pendule utiliser ?

De préférence un pendule égyptien, en grès, ainsi nommé parce que l'original fut trouvé dans une pyramide. Vous vous trouverez ainsi en adéquation plus directe avec la tradition à laquelle vous vous référez. Vous pouvez également utiliser un pendule de cristal car, loin de s'annihiler, les énergies du cristal et de la pyramide ont l'une sur l'autre une action dynamique*. Est-ce à dire que tout autre pendule pourrait avoir des résultats contraires à ceux espérés ? Non ! Mais ceux-ci seront moins percutants, à moins que vous ne possédiez des dons d'émetteur et (ou) de récepteur exceptionnels.

Peu importe en revanche la matière dont est constituée votre pyramide : en carton, en verre, en acier, ou en structure (forme dont les côtés ont été évidés), voire pour les plus fortunés en cristal, cela dépend avant toute chose de vos affinités avec la matière utilisée.

* Ne pas utiliser un pendule métallique, usiné sur un tour et tiré à plusieurs milliers d'exemplaires. Tout pendule en pierre dégage une vibration vivante de quelques millions d'années.

LA RADIESTHÉSIE MÉDIUMNIQUE SOUS PYRAMIDE : MODE D'EMPLOI

L'exercice le plus simple consiste à effectuer des voyances radiesthésiques sous pyramide. Pour cela il existe différentes solutions.

1) Utiliser une pyramide de grande taille. Elle mesure 1,20m de hauteur. Il s'agit généralement d'une structure. On obtient généralement, de cette manière, des résultats étonnants. Les personnes pratiquant la radiesthésie sous une structure pyramidale obtiennent des girations plus rapides et beaucoup plus "nettes". Leur marge d'erreur est, de même, diminuée de manière très nette. Pourquoi ? Parce que, d'une part, la pyramide élimine au maximum toute forme de parasitage (pensées annexes, interférences d'émissions...). D'autre part, parce que la chambre du roi, située à un tiers de la pyramide en partant du haut, et dans laquelle le rayonnement énergétique est à son summum, se trouve au niveau de votre plexus solaire, dont on pourrait dire qu'elle est la "chambre du roi de notre corps". On ne peut effectivement, vu sa taille, se situer dans cette pyramide que de trois manières : couché, assis ou en tailleur. Le maniement du pendule exclut la première position. La structure pyramidale présente cependant quelques désavantages : vu sa taille elle ne peut entrer dans n'importe quel appartement et, de plus il s'avère qu'elle coûte relativement cher.

2) Chapeauté d'une pyramide. Pour cela vous utiliserez de préférence une pyramide en carton de 15 cm. Pourquoi en carton ? Parce que toute autre matière présenterait deux types de désavantages. Tout d'abord, un poids trop lourd au niveau de votre tête, ce qui pourrait devenir générateur de migraines. Deuxièmement, votre pyramide risquerait, lors d'un mouvement trop brusque, de tomber.

3) Placez une pyramide à quelques centimètres au dessus de votre tête. Pour cela, utilisez une pyramide en carton que vous fixerez par un fil de nylon. Cette manière est tout aussi efficace que les précédentes. Le rayonnement pyramidal en effet se prolonge au-delà de ses formes multi-directionnellement.

POUR LA RÉUSSITE DE VOS EXERCICES, L'ORIENTATION DE LA PYRAMIDE EST CAPITALE !

Ce dernier procédé nous semble le plus pratique en ce qui concerne les voyances sur autrui. Réaliser des consultations de voyance chapeauté d'une pyramide peut en effet, vu de l'extérieur, prêter le flanc au ridicule et ôter à vos voyances, par rapport au consultant, toute crédibilité.

Quant à tenir à deux sous une pyramide, cela relève de l'exploit... à moins que vous ne soyez couchés l'un sur l'autre, en quel cas, il ne s'agit plus de voyance mais de tantrisme de la main gauche !

Avant d'aborder d'autres domaines, il nous faut signaler un détail capital : pour une pratique efficace, vous devrez orienter l'un des côtés de votre pyramide vers le nord. Il ne s'agit pas ici d'un conseil, mais plutôt d'une condition sine qua non. Un très bon médium n'obtiendra, sous une pyramide mal orientée, que des résultats médiocres. La plupart du temps, vous n'aboutiriez qu'à un pourcentage élevé d'échecs, se manifestant sous forme de non réponse (le pendule refuse d'osciller) ou de réponse altérée.

Deux précisions s'imposent : face signifie côté et non arête. De même le nord n'est pas le nord géographique, mais le nord magnétique défini à l'aide d'une boussole.

UN EXERCICE POUR PRATIQUER LA VOYANCE SOUS PYRAMIDE... À L'EXTÉRIEUR DE CELLE-CI !

Le travail sous pyramide nécessite une préparation préalable. En effet, si vous l'abordez en état de doute, ce sentiment, comme tous ceux que vous pourriez éprouver à ce moment là, se trouverait amplifié, rendant difficile la poursuite de l'exercice radiesthésique. Il existe une autre méthode, davantage utilisée dans la radiesthésie active (c'est-à-dire celle mettant en jeu une force de volition), pour mener à bien la voyance scripto-pendulaire. Il s'agit de manœuvrer votre pendule à l'extérieur de la pyramide. Comment ? Nous avons vu que la chambre du roi était le point vers lequel convergeaient les énergies de cette forme géométrique. C'est à ce niveau que nous travaillerons. A priori, les résultats devraient être moins probants que sous pyramide. C'est occulter le rôle des témoins, qui serviront en quelque sorte de point de jonction entre l'énergie pyramidale et votre inconscient (ou quel que soit le nom que vous donniez à la force qui nous dévoile les secrets de l'avenir).

CARTES, OBJETS, PAPIERS OU ÉLÉMENTS CORPORELS : VOS "TÉMOINS" PEUVENT ÊTRE DE NATURES TRÈS DIFFÉRENTES !

Par témoins, nous entendons ici toute forme, tout objet permettant de nous mettre en relation privilégiée avec le sujet sur lequel nous travaillons, ou le but que nous souhaitons obtenir. Ces témoins pourront être de diverses natures. Si vous utilisez, par exemple, des lames de Tarot, il est inutile de vous référer directement au sujet traité (Bateleur ou As de Denier pour le commerce, Amoureux pour les relations sentimentales ou associations, Diable ou As de Bâton pour les relations sexuelles, etc., etc.). Ces lames serviront au cours d'autres types d'opérations que nous étudierons plus loin. La volonté d'obtenir n'est pas ici l'enjeu. Les lames utilisées seront donc celles qui s'associent le mieux à l'exercice de la médiumnité, à la faculté de recevoir. A savoir principalement l'As de Coupe, symbole d'ouverture, Tempérance, carte de libre circulation des énergies et le Pendu ou la Roue de Fortune si votre travail porte sur vos vies antérieures (voir à ce sujet le chapitre concerné). Vous pouvez également utiliser l'As de Denier, si vous êtes capable d'aller au-delà de sa signification "vulgaire". Matériellement, l'As de Denier est symbole d'argent. Spirituellement parlant, c'est l'aura des initiés. Redonner à une carte sa plus haute signification exige parfois un long travail.

SOYEZ PRÉCIS... MAIS NE PÉCHEZ PAS PAR EXCÈS DE PRÉCISION !

En revanche, si paradoxal que cela puisse paraître quand on y réfléchit, si vous avez recours à des papiers écrits, c'est au sujet sur lequel portera votre voyance que vous vous référerez. Vous n'inscrirez pas "médiumnité", "voyance" ou même "connaître l'avenir", mais "Elise", "Jean" (le nom de celui ou celle auquel vous aspirez) ou "Entreprise X". Plus que jamais vous devrez être précis... en prenant garde de ne pas pécher par excès de précision !

Expliquons mieux notre pensée : vous êtes sentimentalement ou professionnellement dans une phase difficile. Mais vous n'avez rien ni personne de précis en tête. N'inscrivez pas "Amour", terme trop vague, mais "relations amoureuses", "relations sentimentales", "mariage" ou, si tel est le but recherché, "relations sexuelles". De même, dans le domaine du travail, n'inscrivez pas "Travail" ni "Profession" mais "Insertion professionnelle", "Épanouissement professionnel", voire "orientation professionnelle" si vous doutez de la direction à prendre, ou dans les deux cas (amour et travail) "amélioration de...". A l'inverse, évitez de poser, excepté dans le cas où seule la réponse à cette unique question vous intéresse, un libellé trop précis. "Suis-je aimé de Jacqueline ?" ou "Vais-je trouver du travail dans l'entreprise unetelle ?" De semblables questions risqueraient de rendre caduque toute réponse à une question lui succédant, car toute réponse est susceptible d'entraîner une nouvelle interrogation.

C'EST SUR LA " CHAMBRE DU ROI " QUE DEVRA SE CONCENTRER VOTRE TRAVAIL RADIESTHÉSIQUE

Bien sûr, il arrive qu'on obtienne tout de même des réponses à ces autres questions ; cependant, l'inverse demeure la règle générale. Cet exercice impose une contrainte : celle de devoir recommencer l'opération pour chaque domaine ou personne abordée. Mais les résultats obtenus en valent la peine !

Les autres types de témoins sont classiques : photos, objets ou éléments corporels ayant appartenu à la personne...

Comment procéder ? Dans de nombreux types de pyramide, il existe une plate-forme au niveau de la chambre du roi. Si ce n'est pas le cas, vous pouvez en créer une, avec une languette en carton ou, si vous êtes plus bricoleur, en bois. Dans une pyramide de 15 cm, il ne sera pas toujours aisé de placer le témoin sur cette plate-forme.

En ce qui concerne le Tarot, vous pouvez contourner le problème en utilisant des cartes miniatures, que l'on trouve dans toute bonne librairie ésotérique. En ce qui concerne la photo, le problème est plus délicat. Placez-la sous pyramide, sans vous inquiéter de ce que les bords de l'image dépassent. Pour plus d'efficacité, vous placerez un témoin- papier au niveau de la chambre du roi. Placez votre pendule à quelques centimètres de ce centre énergétique, juste ce qu'il faut pour vous laisser une marge de manœuvres suffisante puis posez votre question en la cernant au plus proche.

SI VOTRE PENDULE N'OSCILLE PAS, N'HÉSITEZ PAS À EXPLORER TOUS LES ASPECTS DE LA QUESTION !

Attention : si deux problèmes sont inextricablement mêlés, le pendule peut refuser de répondre. Exemple : l'avenir d'une relation sentimentale est associé, d'une manière ou d'une autre à votre vie professionnelle ; ce qui ne signifie pas nécessairement d'ailleurs que vous ayez affaire à une personne intéressée. Si votre pendule n'oscille pas, n'hésitez pas à explorer tous les aspects de la question. "L'aboutissement de cette relation est-il relié, d'une manière ou d'une autre à ma vie professionnelle ?" Si le pendule répond non, procédez de même pour les autres domaines susceptibles d'avoir une influence sur votre problème. Puis, à l'intérieur de ce domaine, partez en quête, par questions successives, du point constituant un obstacle.

De même qu'elle affûte les lames de rasoir, on pourrait affirmer que la pyramide affûte les énergies. Ainsi, les instruments utilisés pour la pratique de ce qu'on nomme à la légère, parapsychologie, posséderont une efficacité accrue après un séjour sous pyramide.

AFFÛTEZ LES ÉNERGIES DE VOS INSTRUMENTS DE VOYANCE

Vous placerez votre pendule égyptien une heure par jour sous pyramide dans un premier temps. Vous pourrez, par la suite, l'y faire séjourner une nuit entière. Pourquoi ne pas commencer par là ? Le dosage de l'énergie est une chose essentielle. Si vous placez une grande pyramide ou une pyramide suspendue à l'intérieur d'une pièce et que vous possédiez des animaux domestiques, ceux-ci viendront se placer en dessous... le temps d'être rechargés. Au-delà d'une certaine limite, qui ne peut se définir qu'en fonction de vos besoins et de votre conformation spécifique, un trop plein d'énergie risque de vous fatiguer. Il en est de même en ce qui concerne le pendule. Vous aurez du mal à manipuler un pendule trop chargé, ce "trop" n'étant fonction que de votre aptitude, qui se développera au cours du temps et des exercices, à gérer l'apport d'énergie pyramidale. Vous pourrez constater une plus grande "souplesse" du pendule, tant pour la radiesthésie dirigée (activation) que dans le domaine de la voyance et de l'interrogation en général. Vous pourrez procéder de même avec tous les outils d'évolution utilisés lors de l'exercice radiesthésique. Cela comprend également la règle de graduation des probabilités (voir chapitre " Radiesthésie et voyance ").

La charge des objets de méditation est particulièrement fructueuse, même lorsqu'il s'agit d'images pieuses, déchargées de leur vrai pouvoir spirituel actif par une trop grande vulgarisation. Il n'est ainsi pas inutile, à l'aide du pendule et de la pyramide, de recharger des amulettes ou autres porte-bonheur, qui retrouveront ainsi leur vrai rôle de dynamiseurs de la pensée, dépouillés de toute superstition. Vous en ferez ainsi un objet actif, une sorte d'antenne émettrice et réceptrice entre vous et l'inconscient collectif.

PROGRAMMATION DU CRISTAL : L'APPORT DU PENDULE ET DE LA PYRAMIDE

Il va de soi que tous les exercices préconisés au chapitre "Dynamisez vos pensées" gagneront à être pratiqués par l'intermédiaire de la Pyramide. A cette réserve près cependant : que vous utilisiez des photographies, des cartes ou des papiers, ceux-ci devront avoir la tête au nord. Vous devrez également bien choisir vos témoins, car la taille de la pyramide "standard" interdit une trop grande multiplicité. Optez pour celui qui vous semble concrétiser le mieux possible vos désirs et aspirations.

Nous reparlerons, dans le chapitre qui leur est consacré, des applications médicales liées à l'usage du pendule et de la pyramide. Revenons un instant sur la charge des objets. Il est un domaine dans lequel la combinaison pendule/pyramide fait merveille : celui de la programmation du cristal. Cette opération consiste à charger le cristal d'une mission spécifique. Le cristal est-il simplement un puissant amplificateur (une chambre d'écho en quelque sorte) de votre force-pensée, ou existe-t-il, comme l'affirment certains spiritualistes, un déva (esprit) du cristal, une force vivante que vous dirigez vers un but ? Nous n'entrerons pas dans cette querelle d'exégètes. Contentons-nous d'observer son efficacité. Dans un premier temps, vous ferez tremper votre cristal dans une petite cuvette remplie d'eau salée au gros sel. Vous déchargerez ainsi le cristal de toutes ses impuretés, effacerez sa mémoire d'une programmation antérieure.

NE PENSEZ PAS QU'IL S'AGISSE D'UN JEU, SINON AVEC LES FORCES COSMIQUES !

Il existe diverses méthodes de programmation du cristal. Chapeauté d'une pyramide, sous une pyramide suspendue ou à l'intérieur de celle-ci, si vous utilisez une pyramide à échelle humaine, placez le cristal dans votre main droite. Vous allez l'imprégner d'une pensée, dont la répétition fera la force. N'oubliez pas de vous concentrer uniquement sur le but à atteindre, et non sur les moyens utilisés pour la réussite de votre projet. Ici, mieux vaut utiliser le général que le particulier, à moins que vous ne soyez absolument certain de votre désir dans la durée. Prenons par exemple le cas suivant : votre but (apparent) est votre réussite dans l'entreprise unetelle. Le programmer de cette manière peut présenter de multiples inconvénients : supposez que vous vous rendiez compte que cette entreprise ne vous apporte pas toutes les perspectives que vous souhaitez. Vous éprouverez beaucoup de difficulté à vous opposer au programme lancé par votre cristal, et il est peu probable que vous ayez le courage d'entreprendre autre chose si l'entreprise en question vous propose monts et merveilles. D'autre part, une promotion ne nécessite pas nécessairement une augmentation de salaire. Programmez donc de préférence "Épanouissement professionnel "ou "Amélioration de ma vie financière". Ces programmes auront l'avantage de vous ouvrir un plus vaste éventail de perspectives. Cette remarque est également valable dans tous les domaines. Prenez de préférence une image symbole du but que vous souhaitez atteindre. Elle vous permettra de mieux canaliser et diriger votre pensée. Ne pensez pourtant pas qu'il s'agisse d'un jeu, sinon avec des forces cosmiques : une telle opération peut entraîner des modifications dans l'ensemble de votre existence.

GARDEZ VOTRE CRISTAL PROGRAMMÉ EN POCHE AU MOMENT OU VOUS ACCOMPLISSEZ LES DÉMARCHES POUR LA RÉALISATION DE VOS PROJETS...

La programmation d'un cristal s'effectue, à raison de quinze à vingt minutes (voire davantage) par jour, durant une quinzaine de jours. Si vous êtes ambidextre ou gaucher, vous pourrez pendant la durée de votre programmation cristal en renforcer l'effet en faisant girer le pendule vers la droite. Il est inutile aux autres d'essayer : ils fausseraient l'impact du mouvement scripto-pendulaire. Pour ceux-là, le pendule n'entre en jeu que dans la deuxième phase. Une fois chargé votre cristal, vous le prendrez dans la main gauche. Dans un premier temps, en effet, vous avez envoyé votre énergie mentale en direction du pendule et de la pyramide. A présent, c'est à vous de recevoir cette énergie amplifiée. Toujours sous pyramide, prenez votre pendule dans la main droite et faites-le osciller dans le sens des aiguilles d'une montre au-dessus de votre cristal, tout en vous concentrant sur le but à atteindre. Le cristal peut également jouer un rôle protecteur, qu'il s'agisse de votre vie privée, de votre vie professionnelle ou d'une barrière contre vos ennemis en général et les ondes nocives en particulier. Une fois votre cristal programmé, vous pouvez le laisser chez vous bien sûr, mais n'oubliez pas qu'il joue le rôle d'un "cristallisateur" précisément de votre force pensée. Une technique particulière consiste à le placer dans sa poche et à prendre contact avec lui, soit mentalement, soit physiquement, au moment où vous accomplissez des démarches, et ce, qu'elle qu'en fût la nature, en vue de l'accomplissement de vos projets. Vous pouvez également avoir recours aux témoins, en jonction avec votre cristal, placé avec ceux-ci sous pyramide, au niveau de la chambre du roi. Mais encore une fois, n'agissez qu'avec certitude. Si vous doutez que telle personne ait une réelle importance dans votre vie, n'entreprenez pas ce genre de rituel.

QU'APPELLE-T-ON "PYRAMIDE À SOUHAITS" ?

Une variante de cet exercice consiste, pour la programmation de votre cristal, à placer celui-ci, directement sous pyramide, soit à la base, soit à hauteur de la chambre du roi. Vous pourrez alors travailler au pendule, selon la méthode que nous avons étudiée, dès la première phase. Notons également qu'un cristal programmé sous pyramide facilitera la connexion avec une pyramide à souhaits.

Les plus pointus (et les plus fortunés) pourront utiliser une pyramide différente pour chaque type de souhait. Les autres se référeront à une unique pyramide, ainsi élaborée : Peignez l'une des faces de votre pyramide (un feutre pour cela peut suffire) en rouge. Elle correspondra au domaine affectif, sentimental et sexuel. Une autre sera colorée en vert. Elle concernera la vie professionnelle et les tractations financières. La troisième face, teinte en bleu, touchera les problèmes relatifs à la santé. La face jaune sera plus précisément reliée à la spiritualité. Si vous possédez quelques talents de dessinateur, personnalisez votre pyramide en associant à chaque face un motif représentatif de la question envisagée. Dollar pour les finances, cœur pour l'affectif etc.

FIXEZ LA VALEUR DE VOTRE TRAVAIL AU PENDULE, AVANT D'UTILISER LA PYRAMIDE A SOUHAITS

Nous avons affirmé plus haut que votre désir, dans le cas de la programmation cristal, devait concerner un domaine davantage qu'un point précis. Cependant, une réserve s'impose : il vous faut délimiter les contours de ce domaine. Le mot "richesse" par exemple ne peut être considéré comme une demande valable. Ce qui est important, c'est votre idée à vous de la richesse, ce qu'elle représente.

Cette remarque n'a plus lieu d'être dès lors que le cristal n'entre plus en jeu. Au contraire, votre demande gagnera alors à être le plus précise possible, ainsi que nous l'avons signalé au chapitre "Dynamisez votre pensée". Il n'est pourtant pas inutile de rappeler que votre pensée ne doit pas être formulée comme un souhait "Je veux être aimé d'untel ou d'unetelle" risque fort de n'avoir aucun impact. Pyramide et pendule ne feront qu'enregistrer votre volonté d'être aimé (e) et l'exacerber. Écrivez sur un papier votre désir comme s'il était déjà réalisé "Je suis aimé d'untel", "J'ai un travail qui me rapporte (...) et qui m'aide à m'équilibrer ". Si nous avons placé ici trois points de suspension entre parenthèses, c'est que vous devrez les remplir, soit indiquant la réalisation que peut vous permettre cet argent, soit en marquant une somme précise, qui vous semble correspondre au mieux à l'estimation de vos talents. Fixer cette somme n'est pas toujours aisé, car nous avons souvent tendance à nous sous-estimer ou à nous surestimer. Vous pouvez, en fixant une somme de départ, estimer votre valeur/travail par recherche radiesthésique. Mais peut-être n'êtes-vous pas actuellement utilisé au maximum de votre potentiel.

VOTRE TRAVAIL ACTUEL UTILISE-T-IL VOTRE POTENTIEL AU MAXIMUM ?

Si vous désirez connaître quel pourcentage de vos possibilités entre en jeu dans votre travail actuel ou celui que vous recherchez, utilisez la règle radiesthésique (voir chapitre "Radiesthésie et voyance"). Puis estimez au pendule quelle serait la valeur de votre travail si vous y utilisiez 70% de vos possibilités. Augmentez légèrement cette somme (sans exagération !) avant de la fixer sur papier.

Pourquoi pas 100% objecterez-vous ? Parce que nous travaillons rarement à 100% de nos possibilités et que cela nécessiterait un effort considérable de votre part. Seriez-vous prêt à l'assumer ?

Vous allez à présent orienter la face de votre pyramide en relation avec le problème traité en direction du nord magnétique. Quand votre papier y sera disposé, augmentez-en la charge en imprimant un mouvement circulaire vers la droite à votre pendule. Il est très important, même si vous possédez une pyramide "multi-souhaits" de n'en exprimer qu'un seul à la fois, afin de mieux centrer l'énergie pyramidale vers un but spécifique. Une fois votre vœu réalisé, vous brûlerez le papier.

DANS QUEL DOMAINE TRAVAILLER S'IL EST QUESTION D'ÉCHEC SCOLAIRE

Certains problèmes d'orientation de la question peuvent se présenter à vous. L'exemple le plus typique est celui de l'enfant qui éprouve des difficultés scolaires. S'agit-il ici d'un problème de fatigue ? S'agit-il des conséquences d'une impasse affective et celle-ci vous concerne-t-elle directement ? Ne serait-il pas plutôt question d'une difficulté d'évolution, de passage de l'enfance à l'adolescence, voire de l'adolescence à l'âge adulte ? Vous devrez, avant d'entreprendre quoi que ce soit, définir l'origine réelle du problème. S'il s'agit d'un problème d'origine affective entre vous et votre enfant, vous pourrez avoir recours à des témoins de l'un et de l'autre. Il existe des mini-pyramides de poche. Vous pourrez vous en servir comme un signal de rappel. A une heure donnée, concentrez-vous sur elle et sur le résultat de votre démarche. Vous alimenterez ainsi l'énergie mise en œuvre par votre pyramide.

Nous avons dit que la Pyramide pouvait également favoriser l'évolution spirituelle. En ce cas de figure, vous pouvez utiliser des papiers tels que "Épanouissement spirituel", "Ouverture", "Générosité", "Apprentissage du don", "Apprendre à recevoir", "Acceptation", "Rencontre de mon guide". S'il s'agit de cette dernière question, placez en témoin, à la base, ce qui symbolise le mieux pour vous la personne que vous souhaitez rencontrer, ou le type de personnes. Ce peut être la photo d'un maître hindou, une icône religieuse, une petite croix, un ankh... Les possibilités sont multiples. Dynamisée par le mouvement du pendule, la pyramide vous permettra d'éclaircir plus rapidement votre chemin. Encore faut-il que vous sachiez en accepter les conséquences.

L'ÉVOLUTION SPIRITUELLE EST RAREMENT DE TOUT REPOS... NE FORMULEZ PAS UNE DEMANDE DE CE TYPE A LA LÉGÈRE !

L'évolution spirituelle est rarement de tout repos. Si des "coups de fouet" sont nécessaires à votre compréhension, ils vous seront administrés, soyez-en certains ! Ce genre de demande ne doit en aucun cas être effectué à la légère et doit relever d'un désir profond.

Il en va de même si vous désirez régler au plus vite votre "passif karmique", afin de passer à autre chose. L'accélération du processus peut vous obliger à passer rapidement par des phases qui ne sont pas nécessairement agréables. Quoi qu'il en soit, demeurez prêt à toutes les éventualités. Si vous utilisez le Tarot, choisissez en témoins l'As de Coupe ou l'As de Denier, s'il n'est pas, dans votre esprit, trop lié aux phénomènes monétaires.

Évitez les lames majeures, celles qui seraient susceptibles de symboliser l'évolution spirituelle (lame XIII, Maison Dieu, Jugement, Roue de Fortune) ayant une connotation trop forte dans d'autres domaines.

La couleur jaune n'est pas uniquement dévolue à la spiritualité telle que nous l'entendons généralement, dans le sens mystique du terme. Elle peut également opérer une dynamisation du mental.

Un travail sur cette face de la pyramide, à l'aide de votre pendule, peut convenir aux personnes particulièrement agitées, se dispersant dans tous les sens, ce qui nuit à la construction cohérente d'un projet défini. Elle facilite la faculté d'assimilation et de compréhension.

POUR LES ASSOCIATIONS, USEZ DE LA FACE "SPIRITUALITÉ", DE PRÉFÉRENCE À LA FACE "ARGENT" DE VOTRE PYRAMIDE

C'est également la couleur que vous devrez utiliser pour l'épanouissement ou la préservation d'une relation particulièrement riche sur le plan intellectuel. Il se peut aussi que vous ayez à y faire appel pour un problème d'obtention de diplôme ou d'un permis de conduire. L'alliance pyramide-pendule favorisera alors votre concentration. Vous serez étonné du résultat.

La face jaune donne aussi un excellent tonus à une collaboration et en multiplie l'efficacité. Dans les associations dont l'avenir dépend d'une bonne entente avec l'associé, vous l'utiliserez de préférence à la face verte (argent) car, si la première condition n'est pas remplie, il est peu probable que votre affaire aboutisse. Une autre trilogie peut être évoquée : celle constituée par le pendule, la pyramide et la numérologie. Les spécialistes en sciences sacrées savent que les chiffres sont actifs et que les vibrations qui en émanent peuvent être bénéfiques ou maléfiques, non dans un sens judéo-chrétien, car ne répondant pas à des critères moraux mais en terme de croissance/épanouissement et de décroissance/fanaison ou, si vous préférez, de polarité. Le neuf vous permettra, comme l'indique son homonymie, de terminer un cycle, de changer d'horizon. Il peut être utilisé pour partir sur de nouvelles bases, entamer une nouvelle association ou favoriser une mutation.

QUELQUES CHIFFRES BÉNÉFIQUES DANS LE CADRE D'UN TRAVAIL RADIESTHÉSIQUE... ET LEURS APPLICATIONS

Le 1 donnera un coup de pouce aux personnes qui ont tendance à la dispersion. Il leur permettra de retrouver calme et équilibre. C'est un chiffre offrant la possibilité de recentrer une personne. En ce sens, il figurera du côté de la face jaune. Le 4 vous aidera à partir sur des bases solides, à consolider vos atouts. Le 19 est recommandé pour vous protéger de vos ennemis et favoriser la naissance d'un nouveau projet. C'est un chiffre qui demeure très utilisé par les radiesthésistes et les Rosicruciens. Le 21 vous communiquera une certaine ouverture vers les autres et dynamisera vos relations extérieures. S'il offre un potentiel de rencontres favorables, il demeure cependant peu efficace dans le cadre d'une relation privilégiée. Pour cela, vous utiliserez de préférence le six. C'était pour les Anciens le chiffre d'Aphrodite, la déesse de l'amour, parce qu'il était issu de la multiplication du premier chiffre impair/masculin s'éloignant de l'unité par le premier chiffre pair/féminin. Dans l'Antiquité, les rites d'amour étaient pratiqués, le six entouré de six bougies rouges (blanches s'il s'agissait d'un amour plus "idyllique"). Certains magistes actuels ne procèdent pas autrement. Le 22 conviendra aux personnes ayant de fortes ambitions et le potentiel pour les réaliser. Il servira tous les projets de fortes envergures et vous aidera à en trouver les financements. Ce nombre devra être placé soit du côté de la face jaune, soit du côté de la face verte, selon la nature de votre projet.

UNISSEZ VOS "CHEMINS DE VIE"

Le 15 favorisera toutes les démarches sensuelles. Il sera placé du côté rouge. Si la numérologie vous tente (d'excellents ouvrages ont été publiés sur la question, auxquels nous vous renvoyons), il existe dans le domaine amoureux une technique qui s'y réfère. Il s'agit de l'union de vos chemins de vie. Le chemin de vie est calculé en fonction du nom, du prénom et de la date de naissance. Lorsque vous aurez obtenu le vôtre, calculez celui de votre future partenaire. Inscrivez alors ces "chemins de vie" sur deux papiers différents. Vous pouvez soit les coller face à face (votre chiffre demeurant au-dessus, car c'est votre volonté à vous qui est en jeu), soit placer votre chiffre au niveau de la chambre du roi et celui de votre complément en bas de la pyramide, l'énergie pyramidale se diffusant vers le sol. Dans tous les autres cas, vous devrez placez le chiffre retenu dans la chambre du roi et votre témoin (ou le chiffre répété, placé sur la face correspondante au domaine traité, la tête toujours tournée vers l'extérieur de la pyramide) à la base. Faites alors girer votre pendule au-dessus de l'ensemble constitué, de préférence à hauteur de la chambre.

COMMENT ACTIVER VOS ENCENS

Les encens chargés sous pyramide possèdent une efficacité accrue, notamment si leur usage est de vous protéger des ondes nocives (encens d'Iris ou de Jérusalem) ou d'induire des états de voyance. Une telle activation est néanmoins déconseillée en ce qui concerne le voyage astral, le dédoublement et la recherche sur les vies antérieures. Leur effet, trop puissant, pourrait vous entraîner trop loin et vous ôter tout contrôle réel de la situation. Or, dans ces domaines, la vigilance est parfois une question de survie. Après avoir ainsi donné plus de "poids" à vos encens, rien ne vous empêche, si la taille de votre pyramide et de votre encensoir le permet, que la consomption s'en effectue à l'intérieur d'une pyramide structure (si vous n'êtes pas de nature pyromane, excluez d'office le carton !) Tous les exercices relatifs à la pyramide, y compris les moins "nobles" comme la momification des steaks, l'affûtage des lames de rasoir, l'adoucissement du café, atténuer l'effet nocif d'une cigarette, l'influence sur la croissance des plantes etc. peuvent bénéficier de l'apport dynamique de la radiesthésie. Nous reviendrons, dans le chapitre consacré à la radiesthésie médicale, sur la magnétisation de l'eau. Ainsi que sur la dynamisation des médicaments homéopathiques, au sujet de laquelle certaines réserves sont de mise.

Chapitre Huit

LES APPLICATIONS MÉDICALES... ET LEURS DANGERS

À L'AUBE DU XXIe SIÈCLE, RADIESTHÉSISTES ET MAGNÉTISEURS N'ONT TOUJOURS PAS LE DROIT DE GUÉRIR !

Une idée fort répandue voudrait que seul celui qui diagnostique soit coupable d' "exercice illégal de la médecine" et, par voie de conséquence, passible des foudres de la loi. En vérité, il n'en est rien. L'article L.372 du Code de la santé précise que cette infraction concerne " Toute personne qui prend part habituellement ou par direction suivie, même en présence d'un médecin, à l'établissement d'un diagnostic ou au traitement de maladies ou d'affections chirurgicales, congénitales, ou acquises, réelles ou supposées, par actes personnels, consultations verbales ou écrites, ou par tous autres procédés qu'ils soient ou pratique l'un des actes professionnels...". En d'autres termes, l'allopathie règne en absolu tyran et tout contrevenant s'expose à passer entre ses fourches caudines. Et ce, même si la majorité des clients s'estime satisfaite. C'est à ce problème que se heurtent de nombreux magnétiseurs et radiesthésistes dont l'unique tort est de guérir leur prochain, parfois même dans des domaines dans lesquels la médecine officielle renonce. Citons pour les premiers le cas des zonas.

En clair, nous nous trouvons encore sous le règne dominant des Purgon et des Trissotin (relisez *Le Malade imaginaire* !).

UN TRAVAIL COMPLÉMENTAIRE À LA PRESCRIPTION MÉDICALE

Pourtant, certains médecins de campagne n'hésitent pas à envoyer leurs clients "inguérissables" chez des magnétiseurs ou des radiesthésistes qui ont fait la preuve de leur efficacité. C'est une attitude courageuse qui mérite notre respect. De plus, c'est une attitude saine. Ne devrions-nous pas marcher main dans la main dans un unique but : la guérison du malade, sans s'encombrer d'histoires désuètes de rivalités et de clans ?

La radiesthésie ne doit, en aucun cas, se substituer à un traitement médical, mais le compléter efficacement. Attention : vous ne devez pas opérer à tort et à travers. Il est essentiel de comprendre que la maladie est un symptôme et qu'en tant que telle, elle peut masquer un mal plus important encore. Si vous vous attaquez aveuglément, comme le font certains radiesthésistes amateurs, au mal dont souffre la personne que vous désirez traiter, vous risquez de n'accomplir qu'une action vaine. La maladie se déplacera dans une autre région du corps, peut-être de manière plus grave.

La première démarche à accomplir (et donc la première question que vous devrez poser à votre pendule) est de savoir si vous pouvez entreprendre un travail en ce sens. Puis interrogez de nouveau votre pendule : "Le problème dont souffre cette personne est-il lié à une cause autre qu'organique ?" Si la réponse est négative, vous devrez vous centrer en premier lieu physique. Nous reviendrons sur ce point. S'il répond par la positive, examinez un à un chaque domaine : spirituel, affectif, professionnel. Dans le premier cas, penchez-vous sur les questions suivantes "Cette maladie est-elle utile à son évolution ?","Mon intervention risque-t-elle d'entraver la "leçon" que lui donne la maladie ?" (redoutable professeur !) "Cette personne peut-elle "comprendre" hors de la maladie ?", "Cette maladie est-elle née d'une culpabilité ? "

NE TENTEZ PAS D'INTERVENIR SUR UNE MALADIE D'ORIGINE KARMIQUE !

Lorsque vous penserez avoir épuisé toutes les questions qui vous viennent à l'esprit demandez s'il s'agit d'un "passif lié au karma". Si le pendule vous répond oui, il serait inopportun d'intervenir. Tenter de résoudre les problèmes karmiques d'autrui serait une grave intrusion dans son existence, car cela pourrait déclencher certains phénomènes, certains événements dont lui seul peut décider s'il s'y estime préparé et s'il a envie de les vivre... du moins dans cette existence !

Si le problème est d'origine affective, cherchez à savoir s'il s'agit d'un surcroît d'angoisse, des suites d'une rupture ou d'une incertitude amoureuse, de problèmes familiaux, de problèmes de conscience, de problèmes liés au choix. Si une entrave professionnelle est à l'origine de la maladie, définissez-en la nature. Il pourra s'agir d'un licenciement, d'un travail que la personne ne désire pas assumer, d'une dichotomie complète entre la vie intérieure et la vie professionnelle, de rivalités avec des personnes exerçant la même profession ou œuvrant dans le même lieu de travail, etc. Si c'est le cas, avant de commencer toute opération de guérison proprement dite, vous devrez exécuter un premier travail, axé sur la phrase suivante "X accepte de résoudre son problème par un autre biais que la maladie".

UTILISEZ UNE PLANCHE ANATOMIQUE POUR DÉTERMINER LA NATURE DU MAL

Le rôle actif du pendule n'est pas à proprement parler de guérir, mais d'apporter au malade ce supplément d'énergie qui rend plus efficace son processus d'autoguérison. Si le mal est strictement de nature anatomique (ce qui est plus rare qu'on ne le croit, utilisez une planche anatomique, de façon à mieux cerner la source de la déficience. Balancez successivement votre pendule au-dessus de votre planche (on en trouve très facilement dans les librairies médicales) en demandant si la source du mal provient de cette région*. Vous obtiendrez ainsi, par recherches successives, un tableau extrêmement précis de la situation. Si vous obtenez une réponse positive sur un organe précis, n'en abandonnez pas pour autant votre quête. Diverses sources peuvent coexister et se renvoyer l'une à l'autre. Vous pouvez également pratiquer sans convention mentale préalable. Au-dessus des organes sains, le pendule demeurera statique. Face aux organes en excellente santé, il oscillera vers la droite. Devant les organes déficients enfin, il girera vers la gauche. Lorsque vous aurez bien cerné la nature du mal, vous allez utiliser des témoins. Le témoin-papier ne nous semble pas le plus indiqué. Pour la plupart d'entre nous, les connaissances anatomiques et biologiques demeurent très limitées.

EN CAS DE FATIGUE OU DE MALADIE, ABSTENEZ-VOUS !

Rares sont ceux qui pourraient, avec exactitude, situer le pancréas, indiquer sa fonction et déterminer sa forme. Notre conseil : ayez recours à "Anatomie 2000" ou un jeu du même type. Il s'agit d'un corps humain en pièces détachées, qu'il

* Planches anatomiques disponibles à la Librairie de l'Inconnu 84 rue du Cherche Midi 75006 Paris - Tél. : 42.22.02.16.

s'agit de reconstituer. Les organes, muscles et os principaux y sont représentés avec précision. Si le foie est l'organe à partir duquel se diffuse la maladie, prenez cette image du foie et faites girer au-dessus de cette représentation votre pendule vers la droite. La phrase que vous utiliserez sera "Je transmets de l'énergie à cet organe déficient afin qu'il se régénère". Ceux qui possèdent de solides connaissances quant à son fonctionnement pourront visualiser cet organe en bon état de fonctionnement. Il existe d'autres techniques que nous ne décrirons pas, basées sur l'usage des couleurs. Leur utilisation nécessite en effet un approfondissement de la chromothérapie, faute de quoi le radiesthésiste pourrait commettre de graves erreurs, telles transmettre l'énergie d'une couleur qui n'est pas en accord avec l'organe en question, le détraquant davantage. Ce type de radiesthésie requiert deux conditions *sine qua non* : ne pas éprouver de dégoût face aux viscères, ce dégoût, même inconscient, se transmettrait au malade. Ne pas être soi-même malade ou fatigué.

TRAVAILLER SUR L'ÉNERGIE DES MÉDICAMENTS... ET NON SUR LES MÉDICAMENTS MÊMES !

On peut également le pratiquer sous pyramide, soit en se plaçant soi-même sous un modèle réduit en carton, soit en plaçant l'organe en question au niveau de la chambre du roi. Nous reviendrons d'ailleurs sur cet aspect. Si vous possédez une photo de la personne que vous souhaitez traiter, le résultat n'en sera que plus efficace. Placez celle-ci en-dessous de l'organe sur lequel vous devez travailler ou, dans le cas d'une utilisation pyramidale, placez la photo en bas de la pyramide, la tête tournée vers le nord magnétique.

Pour transmettre l'énergie d'un médicament, placez celui-ci sur la table ou sous votre pyramide, puis lancez votre pendule vers la droite en vous concentrant sur l'image de la personne en bonne santé. Lorsque votre pendule s'arrête de tourner, l'énergie du médicament est transmise. N'oubliez jamais cependant que la radiesthésie médicale doit être pratiquée en complément d'un traitement et non se substituer à celui-ci. Une erreur à ne pas commettre est celle d'absorber les médicaments ainsi "traités". Les éléments en sont parfaitement dosés et leur dynamisation ne ferait que renforcer leur puissance corrosive sur votre organisme.

DOIT-ON RÉVÉLER AU "PATIENT" NOTRE TRAVAIL RADIESTHÉSIQUE ?

L'exemple le plus typique est de travailler sur un verre d'eau contenant une aspirine, puis de boire celui-ci. Les conséquences secondaires d'un tel acte ne seront pas forcément positives. Les radiesthésistes, amateurs et professionnels, travailleront de préférence d'ailleurs sur des médicaments homéopathiques, soit en exercice scripto-pendulaire direct, soit en s'aidant de la pyramide. Pratiquez de préférence, toujours à la même heure, généralement le soir ou la nuit. C'est la période pendant laquelle le malade sera le plus réceptif. A ce niveau, une question importante se pose au pratiquant : doit-on révéler au "patient" le travail que l'on effectue sur lui ? Cette question se traite au cas par cas. Il est évident qu'une personne rebelle à ce type de pratiques, voire fermée à tout ce qui concerne le domaine du parapsychique, ne bénéficiera pas d'un tel avertissement. Au contraire ! Elle manifestera d'autant plus une énergie rebelle à vos projets qui en contrecarrera les effets. En revanche, il est parfois utile d'avertir une personne plus "ouverte". Elle concentrera elle-même son énergie dans cette direction au moment de votre exercice, s'offrant ainsi un coup de pouce supplémentaire. Si votre travail porte sur une personne gravement atteinte en accord avec celle-ci, ne lui donnez pas de faux espoirs et sachez émettre toutes les réserves qui s'imposent.

DES EXERCICES EN VUE D'AMÉLIORER VOTRE PROPRE FACULTÉ D'AUTOGUÉRISON

Il se peut que le travail porte sur vous-même. En ce cas, en corrélation avec un traitement allopathique et un traitement radiesthésique, vous effectuerez une méditation qui portera sur le thème suivant : que vous apporte la maladie ? Que vous permet-elle d'exprimer ? De refouler ? Que vous permet-elle de faire que vous ne pourriez pas faire dans d'autres circonstances ? Que vous empêche-t-elle de faire et qui vous ennuie ? Ce que vous exprimez à travers la maladie, auriez-vous la possibilité de l'exprimer autrement ?

Si vous êtes prêt à en assumer les conséquences, vous pourrez travailler au pendule sur des mots témoins "Je n'ai plus besoin de la maladie car je parviens à m'exprimer dans ma vie", "Je deviens responsable de ma santé", "Je n'ai plus besoin de me cacher à travers ma maladie", "Plus mon esprit s'assainit et plus mon corps devient sain". Ce genre d'exercice ne peut se pratiquer de manière aléatoire, c'est-à-dire sans l'accord de la personne ou sans connaître ses éventuelles réactions, car il s'agirait alors d'une sorte de "viol psychique". Nous avons évoqué des exercices pratiqués essentiellement sous pyramide. Les plus grands spécialistes de la radionique, à commencer par les célèbres Frères Servranx, dont les observations et les innovations révolutionnèrent ce domaine, préconisent la méthode que nous vous indiquons.

UNE MÉTHODE PRÉCONISÉE PAR LES EXPERTS EN RADIONIQUE

Dans tous les exercices relatifs à la pyramide, l'orientation dépend essentiellement des faces de l'objet en question. L'originalité de celui-ci est qu'il utilise essentiellement les arêtes. L'orientation, rappelons-le, sera néanmoins toujours fonction du pôle magnétique, et non du nord géographique. Les arêtes devront donc être dirigées de la manière suivante : nord-sud, est-ouest. Au sommet de votre pyramide, mais cette fois à l'extérieur de celle-ci, vous placerez deux languettes de papier. L'une portera la mention "Force Guérison" et l'autre la mention "Force Vie". Les lettres devront être dirigées vers le haut, c'est-à-dire que la première sera en bas de votre papier. A l'intérieur de la pyramide, placez, selon les méthodes étudiées, un témoin-photo et éventuellement un témoin "anatomique". Puis faites girer votre pendule au-dessus de l'ensemble ainsi constitué. Vous pouvez faire précéder votre mouvement pendulaire d'une magnétisation. Placez vos mains au niveau de la chambre du roi et concentrez-vous sur la personne dont vous désirez accélérer le processus d'autoguérison.

Une des techniques les plus utilisées est celle de l'eau magnétisée ou "chargée". Pour cet exercice, une eau de source faiblement minéralisée sera préférable à l'eau du robinet, souvent trop "impure" et trop calcaire.

LES VERTUS DE L'EAU MAGNÉTISÉE

Remplissez un verre aux trois quarts, puis faites tourner votre pendule au-dessus en vous concentrant sur la personne à guérir. Votre main gauche sera en contact avec un témoin de la personne, qui, comme nous l'avons vu, peut être de diverses natures. Ici, tout dépend de l'opérateur et de sa faculté à diffuser son propre magnétisme. Un exercice simple permet de déterminer votre capacité dans ce type d'opérations. Prenez deux plantes que vous arroserez l'une avec de l'eau magnétisée, l'autre avec une eau non "traitée". Au bout de quinze jours, la différence devrait être sensible. Votre plante arrosée à l'eau magnétisée devrait accuser une croissance plus importante que la seconde. Que ce soit le cas ou non, recommencez plusieurs fois l'expérience avec des plantes différentes. Si celle-ci s'avère concluante, vous serez à même de transmettre votre énergie par cette voie. L'eau devra ensuite être absorbée par la personne concernée. Vous pouvez également imprimer une pensée à cette eau "Plus X boira de cet eau, plus il maigrira", ou "Plus X boit de cette eau, plus sa guérison s'accélère", etc, etc.

Il existe un risque : celui de trop charger l'eau, ce qui risque de produire, dans un premier temps, un résultat contraire. Optez pour la convention mentale suivante : votre pendule cessera de tourner lorsque l'énergie envoyée sera suffisante. Encore une fois, ne vous risquez pas à une telle expérience avec des médicaments !

UNE AMPOULE DE 60 WATTS PEUT VOUS DONNER "L'INSPIRATION"

Pour favoriser l'émission, pratiquez auparavant une méditation ou une séance de phosphénisme. Rappelons que les phosphènes sont les phénomènes lumineux qui apparaissent, lumières éteintes, après que vous ayez fixé une ampoule de 60 watts pendant une dizaine de minutes. Le docteur Francis Lefébure a mis en évidence les incidences de ce phénomène sur les phénomènes parapsychiques en général et le développement de la Force Pensée en particulier. Ainsi, une pensée mixée au phosphène, c'est-à-dire visualisée à l'intérieur de celui-ci, qui possède généralement une forme circulaire, au moment de son apparition, renforce l'émission d'une force de volonté. Cet exercice s'effectuant sur une courte durée, il vous est tout à fait possible de réaliser votre opération radiesthésique en simultané. Les méthodes étudiées ci-dessus concernent pour la plupart un travail à distance. Si la personne en question est participante, la jonction des énergies s'effectuera d'autant mieux.

UNE CONSULTATION "IN VIVO"

Comme je l'indique dans mon ouvrage *le Miracle du pendule*, il existe deux manières différentes de pratiquer dans une consultation "in vivo" : la première consiste à vous munir d'un atlas anatomique. Tournez les pages de la main gauche. Dans la droite vous tiendrez votre pendule, que vous lancerez au-dessus de la main du malade, à plat, paume tournée vers le haut, sur la table. Pratiquez alors la convention mentale suivante : lorsque vous parviendrez au-dessus d'un organe en mauvaise santé, votre pendule oscillera vers la gauche (négatif). En présence d'un organe sain, il tournera vers la droite (positif). La seconde consiste à inscrire sur un cahier la liste des possibilités de déficiences : alimentaire, infectieuse, malformation, mycose, cerveau, rein, pancréas, tuberculeuse, vaccinations, psychosomatique, envoûtement, empoisonnement, etc. Si le pendule n'oscille pas ou s'il tourne vers la gauche, passez à la question suivante, jusqu'à ce que vous ayez obtenu un état de fonctionnement précis de la personne qui vient vous consulter.

LE PROBLÈME DE L'ORIENTATION THÉRAPEUTIQUE

En fonction des résultats obtenus (le radiesthésiste est tout sauf un démiurge et ne doit en aucun cas se substituer au médecin, mais le compléter. C'est un point sur lequel on n'insistera jamais assez), se posera le problème de l'orientation thérapeutique. Quelle discipline permettra à la personne en question de mieux lutter contre sa maladie ? Cherchez d'abord dans les voies les plus fréquentées et procédez par élimination, soit à l'aide d'une liste, soit par convention mentale : allopathie, acupuncture, homéopathie, techniques respiratoires, magnétisme, psychanalyse, *do-in*, massages, psychanalyse, aromathérapie, rayons ultra violets, réflexothérapie, musicothérapie, diététique, hydrothérapie. Une fois épuisées ces possibilités, posez la question s'il s'agit d'autres thérapies. Certaines s'élimineront d'elles-mêmes en fonction du problème traité. D'autres s'imposeront. Les problèmes respiratoires ou circulatoires pourront, dans certains cas, bénéficier du thermalisme, également appelé balnéothérapie ou crénothérapie. Pour les problèmes de peau, questionnez sur l'argile. Pour les problèmes d'impuissance et de frigidité, sexologie ou gynécologie plusieurs domaines peuvent être explorés, c'est pourquoi votre questionnement ne devra pas être arrêté avant d'avoir achevé votre liste. Les combinaisons sport + acupuncture + psychanalyse ou phythothérapie + massage + diététique ou allopathie + *do-in* + techniques respiratoires ne sont pas rares.

NE VOUS LIVREZ A UNE EXPLORATION PLUS "PRÉCISE" QU'AVEC L'ACCORD (OU A LA DEMANDE) DE VOTRE CLIENT !

Vous pouvez même être plus précis, en déterminant le sport (ou les sports) le plus en adéquation avec votre client. A l'intérieur du domaine acupuncture, explorez la question de la mésothérapie, de la moxibustion. Ce domaine peut les englober. De même, le mot "psychanalyse" inclut la psychanalyse proprement dite (freudienne, jungienne, lacanienne, autre, indifférent ?), mais également la psychothérapie (est-il bon par exemple pour la personne d'entreprendre une psychothérapie de groupe ?), les psychothérapies corporelles (l'intégration posturales ou le *rebirth* par exemple). En phytothérapie, commencez par vous attacher aux plantes les plus couramment utilisées : aubépine, bouleau, cassis, cynorrhodon, cyprès, frêne, girofle, hamamélis, menthe, olivier, passiflore, prêle, reine des prés, sauge, thym. Puis interrogez votre pendule pour savoir si ces plantes seront les plus efficaces en décoctions, en infusions ou en huiles essentielles. Si la musicothérapie peut apporter une amélioration, cherchez quel compositeur sera du plus grand secours au malade. Explorez d'abord les types de musique : rock, classique, new age, autres. Puis les artistes majeurs entrant dans ces catégories. Les compositeurs les plus indiqués sont généralement Bach, Mozart, les Pink Floyd et Elton John. Mais n'oubliez pas que chaque personne est un cas particulier. Évidemment, vous ne devez vous livrer à ce type de précisions que si la personne le souhaite, si elle répond à une demande.

Vous ne devez en aucun cas tenter d'imposer votre vision, même si elle est juste. Une trop grande précision peut donner à certains l'impression d'une dépendance, ce qui nuirait certainement à la qualité du traitement. Il se peut que la déficience naisse de la carence d'un élément essentiel à l'équilibre de l'organisme.

Les manques les plus courants sont : eau, glucides, lipides, méthionine, protideslysines, histidine, leucine, calcium, chlore, cuivre, fer, fluor, iode, magnésium, phosphore, potassium, sodium, souffre, zinc, vitamines. L'anomalie se situe-t-elle au niveau du squelette ? Des muscles ? Du métabolisme ? De la respiration ? De la digestion ? De la circulation ? Du parasympathique, des organes sexuels, des glandes endocrines ? Ne vous prenez surtout pas pour un médecin et, lorsque cela est possible, faites confirmer vos diagnostics par un généraliste. Ainsi, il peut arriver que vous détectiez une anomalie en un point dont le patient, apparemment, ne souffre pas.

Peut-être avez-vous décelé une maladie avant qu'elle ne se manifeste sur le plan de la douleur. Envoyez immédiatement la personne en question effectuer les radios qui s'imposent. Beaucoup de radiesthésistes ont ainsi évité, par ce qu'il faut bien appeler la justesse de leurs diagnostics, croissance de maladies prises à la racine.

PRÉSERVER VOTRE CAPITAL SANTÉ GRÂCE À LA PROGRAMMATION CRISTAL...

Cette activité "préventive" du pendule n'est pas à négliger. Il se peut aussi, néanmoins que vous vous trompiez. Ce risque est le même pour toutes les professions existantes. Connaissez-vous un avocat, un médecin, un plombier, qui ne se soient jamais trompés ? Si oui, n'oubliez pas de me donner son adresse...

Dans la Chine des empereurs Ming, le rôle du médecin était essentiellement préventif. Lorsque l'empereur tombait malade, le thérapeute était condamné à mort . Rien ne vous empêche, que ce soit pour vous ou pour des amis, de préserver votre santé pour éviter de tomber malade. Dans le chapitre relatif aux pyramides, nous avons étudié ce qu'était la "programmation cristal". Munissez-vous d'un cristal bleu, sur lequel votre pensée imprimera le programme suivant "Energie, Santé, Développement du système immunitaire", à l'aide de votre pendule. Placez ensuite votre cristal dans un lieu connu de vous seul. N'oubliez pas de lui consacrer vos pensées à plusieurs reprises dans la journée. Plus votre énergie l'alimentera, plus son programme sera efficacement appliqué.

UNE ACTION SUR LE DOMAINE "SANTÉ" AURA DES RÉPERCUSSIONS SUR TOUS LES AUTRES DOMAINES DE VOTRE VIE

Dans le cas de la pyramide, vous pouvez avoir recours à une "pyramide à souhaits", correctement orientée. Pourtant, avant d'entreprendre une "programmation cristal" de ce type, il faut savoir qu'elle ne sera pas sans effets sur le reste de votre existence. Vous éprouverez certainement, au bout d'un certain temps, du dégoût pour un certain type d'aliments et une attirance subite pour d'autres catégories alimentaires. Ne nous faites pas dire ce que nous n'avons pas dit : contrairement à ce qu'affirment certains, ni la pyramide, ni le pendule, ni le cristal ne vous rendront végétarien. Dans notre corps comme dans l'univers, le yin (féminin réceptif) et le yang (masculin actif) sont complémentaires. Intuitivement, nous savons ce dont notre corps a besoin et en quelles quantités. Un rééquilibrage peut être nécessaire. Par contre, si nous fumons beaucoup, nous risquons fort d'éprouver un dégoût pour le tabac.

UNE NÉGOCIATION EN DOUCEUR ENTRE VOTRE CORPS ET VOUS

L'Univers n'agit pas en terme de morale, mais d'équilibre. Ne nous étonnons pas d'être malades si nous dédaignons la voix de notre instinct. Ce même instinct peut nous pousser à ne pas fréquenter certaines personnes, avec lesquelles nous vivons des rapports nécessairement conflictuels, ou à nous amener à modifier notre comportement par rapport à eux. Ne vous attendez pas à un virage à 120°, bien que ce type de changement, pour peu fréquent qu'il soit, existe, mais à une négociation en douceur entre votre corps et vous.

Encore une fois, il s'agit d'être précis. Renforcement du système immunitaire ne signifie nullement que vous soyez (si vous pratiquez pour vous-même) à l'abri du grand S, comme John Wayne appelait le Cancer le grand C, et que vous ne deviez pas vous préserver. Ni même, si vous travaillez pour une autre personne, que vous puissiez venir à bout d'une séropositivité. En revanche, vous pouvez peut-être, sans l'en prévenir car la solution est aléatoire et l'espoir trop grand, aider un ami séropositif en effectuant une programmation cristal ou une dynamisation au pendule de son image. Peut-être... Mais rien ne vous coûte d'essayer. Vous pourrez utiliser le phosphénisme ou avoir recours à une prière de guérison.

Cet exercice néanmoins est particulièrement difficile, car il nécessite une générosité et une abstraction totale. Vous ne devez en aucun cas vous projeter dans sa séropositivité, mais dans sa guérison. Si vous ne vous en sentez pas capable, évitez ce type d'exercices, qui pourrait bien alors produire l'effet contraire.

RADIESTHÉSIE MÉDICALE "EN DIRECT"

Avis aux spiritualistes : une lourde erreur à ne pas commettre est de vouloir à tout prix envoyer "de l'amour", car en ce cas c'est précisément l'amour, dans une de ses manifestations, qui est cause du virus. Encore une fois, nous ne prétendons pas que cet exercice soit infaillible et nous ne pouvons établir un pourcentage d'améliorations ou de retardements de l'irruption de la maladie dus à cette méthode, mais un afflux de forces pensées convergeant vers une personne malade lui est toujours bénéfique. Dans le pire des cas, il se sentira moins "isolé".

La méthode que nous vous indiquons ci-dessous est à pratiquer principalement avec vos connaissances et amis favorables à la radiesthésie. Elle ne peut de plus s'exercer que sur les maux mineurs : crises de foie, migraines, indigestions, etc. Faites allonger la personne et placez votre pendule au-dessus – mais pas trop près tout de même ! – de la partie du corps dont elle souffre. Puis faites tourner le pendule vers la droite, en vous concentrant sur son bien être, voire en la visualisant en pleine forme. En cas d'échec, vous ne risquez pas grand-chose. Toutefois, pour plus de sûreté, interrogez auparavant votre pendule sur la nécessité d'une telle opération et si le mal "repéré" correspond bien à ce que vous pensez. Votre intervention pourrait masquer provisoirement le symptôme d'un phénomène plus grave et plus profond.

L' "ENVOÛTEMENT DE GUÉRISON"

Une fausse indigestion peut cacher un vrai ulcère, un mal de tête être le premier signe d'une grave maladie. Cependant, si tel est le cas, une intervention sporadique ne ferait que masquer l'une des manifestations de manière très provisoire.

Ne vous exercez pas à ce genre d' "acrobaties" en présence de maux plus graves, sinon éventuellement en complément d'un traitement déjà établi.

Une personne me demandait si la radiesthésie pouvait soigner la blennorragie. A son grand désarroi, je lui ai conseillé les antibiotiques !

Le traitement "en direct" par le biais du pendule pourrait laisser penser que l'usage d'un cristal programmé, dynamisé par cet instrument, pourrait s'appliquer sur la partie du corps malade. Il n'en est rien : seul un expert en cristallothérapie peut s'attaquer à ce genre de "solutions". Et encore ! Une mauvaise application du cristal au niveau du corps, un mauvais choix des matériaux de base ou une trop longue exposition peuvent provoquer brûlures et lésions.

Il y a quelques années, dans le cadre de l'Académie de parapsychologie, je discutais avec une éminente sommité de l'acupuncture, d'une ouverture d'esprit rare. Puisqu'il est possible d'effectuer un envoûtement par l'intermédiaire d'épingles plantées dans une statue de cire (émettrice et cristallisatrice de la volonté de l'opérant), ne serait-il pas envisageable d'effectuer le même type d'opérations en sens inverse, en plantant à distance des aiguilles sur les points d'acupuncture, pour soulager une personne ? Loin de réfuter mon argumentation, elle y prit un grand intérêt. Nos activités diverses ne nous ont guère permis de mener à bien ensemble ce type d'expériences. Mais comme j'en rediscutais avec un occultiste de mes connaissances, je fus convaincu du bien-fondé de cette théorie. Cela me fut confirmé par la suite par de nombreuses expériences.

LES AIGUILLES SERONT PLANTÉES SUR LE POINT D'ACUPUNCTURE... ET NON SUR LA ZONE MÊME !

Il va de soi que vous ne devez pas aller vers ce type d'expériences si vos sentiments par rapport à la personne traitée sont ambigus. Vous devez être en quelque sorte "pur" de tout ressentiment envers elle. Procurez-vous un pain de cire blanche (la couleur, vous vous en doutez, est ici très importante !). Faites-le fondre dans une casserole à feu doux. Attendez que la cire refroidisse, mais pas trop, de manière à ce qu'elle demeure malléable et ne se solidifie pas. Ne vous brûlez pas les doigts tout de même ! Quand elle aura une consistance molle, pétrissez-la comme une pâte à modeler et formez grossièrement un corps, masculin ou féminin selon la personne que vous désirez traiter. Lorsque cela est possible, la présence d'un élément corporel (ongles, cheveux etc.) vous permettra d'établir plus sûrement la fréquence de votre "patient". Lorsque votre "corps-image" sera solidifié, représentez-y les différents méridiens d'acupuncture. Puis dessinez-le ou les points sur lesquels vous souhaitez travailler. En plantant votre aiguille, concentrez-vous sur l'assainissement de cet organe. Lorsque vous aurez planté l'aiguille sur le point correspondant (qui n'est pas l'endroit lui-même, en cas de méconnaissance de cet art de guérir, mieux vaudrait vous abstenir ou réviser vos leçons à l'aide des ouvrages des maîtres du genre !), faites girer votre pendule avec cette pensée "Je transmets à l'organisme de X la force de se guérir". Si vous n'obtenez pas le résultat escompté, voire un résultat opposé, n'insistez pas : c'est que vous n'êtes pas en adéquation avec la personne sur laquelle vous travaillez. Il peut y avoir à cela de multiples raisons. Utilisez pour cela des aiguilles d'acupuncture, que vous trouverez aisément dans une librairie médicale. Il est inutile de les laisser plantées dans votre statuette, mais renouvelez régulièrement, à heures fixes, cette opération.

LE TAROT ET LE PENDULE POUR LUTTER CONTRE L'IMPUISSANCE ET LA FRIGIDITÉ D'ORIGINE PSYCHOLOGIQUE

Dans certains cas relatifs à la sexologie, le Tarot pourra être utilisé. Il s'agit de l'impuissance, de la frigidité, du vaginisme, qu'il ne faut pas confondre avec la dyspareunie. Dans ce dernier cas, en effet, il peut y avoir pénétration sexuelle, mais celle-ci est extrêmement douloureuse. Le vaginisme, en revanche, rend toute pénétration impossible par une contraction involontaire des muscles périvaginaux. Les deux cas ne sont pas nécessairement liés. Il peut également servir dans les cas d'infécondité. Mais là encore, il convient d'observer la plus grande prudence, en déterminant, dans un premier temps, les causes réelles du problème. Si celles-ci sont strictement d'ordre physique (mauvaise vascularisation, problème de transmission neurologique, maladie gynécologique, problème diabétique...), elles nécessiteront un examen médical approfondi, voire une opération chirurgicale. Si les causes se trouvent principalement dans le domaine psychologique, alors seulement vous pourrez tenter d'opérer à distance. Dans les cas de vaginisme, utilisez deux cartes : l'As de Coupe et le Monde. Ce sont tous deux des symboles d'ouverture. Si le problème concerne directement votre compagne, ou vous-même si vous êtes une femme, visualisez la couronne de lauriers qui entoure la figure principale du Monde se contractant puis entrant en expansion, à la manière d'un orgasme (cet exercice est d'ailleurs également valable pour les cas d'anorgasmie ne résultant pas d'un problème physique, ce qui est le cas de celles qui peuvent jouir lors des pratiques solitaires mais n'obtiennent pas d'orgasmes lors de leurs relations avec un partenaire).

Pourquoi ne pas pratiquer cet exercice dans tous les cas ? Tout simplement parce que vous ne posséderiez alors pas l'objectivité et le détachement suffisant, risquant de cristalliser en fantasme ce qui doit avant tout demeurer une pratique d'aide. Pour l'impuissance servez-vous essentiellement de la Tempérance, qui vous infusera un peu de calme, de la Force et de l'As de Bâton. Concentrez-vous sur ces cartes en lançant le mouvement initial de votre pendule. S'il s'agit de votre cas personnel, ce travail peut même s'accompagner de visualisations.

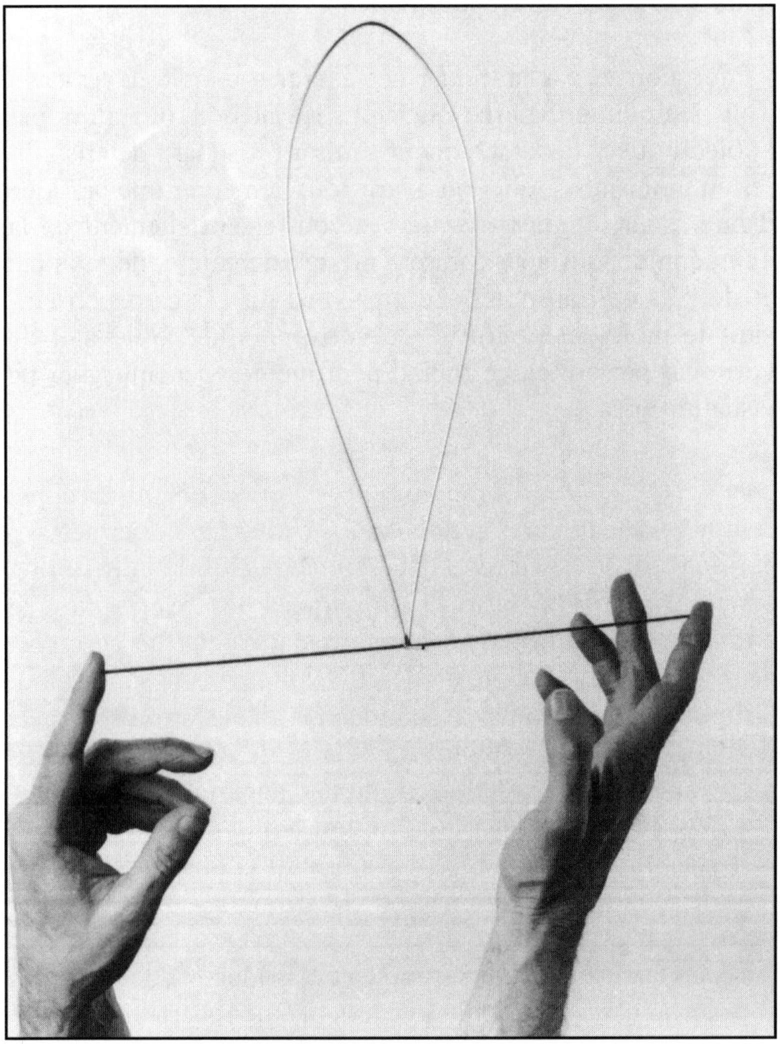

Autre forme de baguette de sourcier (USD)

CHAPITRE NEUF

DYNAMISER VOS PENSÉES PAR L'USAGE DU PENDULE

La radionique est généralement acceptée comme étant la part "active" de la radiesthésie, permettant d'influer sur le destin de l'opérateur ou celui de la personne concernée par l'opération radionique. Elle s'exerce dans le domaine médical, mais également dans ceux de ce qu'on peut appeler une "magie moderne", voire dans la spiritualité. On peut, dans certains cas, contribuer à l'élévation spirituelle d'une personne par l'intermédiaire de cet art. La radionique fait appel à un certain nombre d'appareils et de formes, qui s'échelonnent des plus simples, comme la pyramide et certaines formes géométriques, aux plus complexes, nécessitant de solides connaissances en électronique.

Cependant, le champ du simple et classique pendule est plus étendu qu'il ne semble et son usage peut revêtir une forme purement active, afin, comme le disait Jacques Rubinstein dans "Wicca et sorcellerie", de "féconder l'événement". Avis aux amateurs : de telles applications exigent une solide familiarisation avec votre pendule. Ce qui, si vous avez suivi les exercices de cet ouvrage dans l'ordre chronologique, est probablement le cas.

VISUALISEZ VOS DÉSIRS... LE PENDULE Y RÉPONDRA !

Commençons par un exercice de "radiesthésie active" élémentaire. Vous allez envoyer une lettre dont le résultat possède une importance capitale pour vous. Lettre d'amour, lettre d'affaire ou correspondance relative à un litige. Les mots seront-ils perçus de la manière dont vous les écrivez ? Seront-ils reçus au bon moment, dans l'état de disponibilité adéquate par votre correspondant ? Rien n'est moins sûr... En préliminaire à l'opération, demandez, par l'intermédiaire de votre pendule "Est-ce le bon moment pour écrire la lettre que je désire écrire ?". Pour une plus grande fiabilité de la réponse, vous pouvez utilisez un témoin : lettre antérieure de la personne à qui vous désirez répondre, photo de la maison s'il s'agit d'un problème immobilier, photo de la personne aimée si la missive est d'amour, objets avec lesquels elle s'est trouvée en contact, etc....

En ce cas, la question sera "Le moment est-il bien choisi pour répondre à cette personne ?". Si la réponse est positive, demandez, toujours par l'intermédiaire de votre pendule, si l'usage d'une radiesthésie active peut vous aider dans votre projet. Si la réponse est négative, c'est que ce support ne vous est pas nécessaire dans cette configuration particulière. La réponse est déjà acquise. Dans l'affirmative, concentrez-vous sur le résultat que vous espérez obtenir. Le mieux serait de cristalliser ce résultat sous forme d'image. La plus simple sera la plus efficace, parce que la plus directe. Vous allez maintenant prendre une feuille blanche, sur laquelle vous n'inscrirez que l'intitulé du destinataire. Concentrez-vous de nouveau et faites osciller votre pendule vers la droite au-dessus de votre future missive. Posez votre instrument, puis écrivez la lettre. La seconde phase de l'opération consistera en une répétition de la première, mais cette fois-ci avec votre page écrite et, si vous en possédez, des témoins. Une variante de cet exercice réside en l'utilisation de pierres semi-précieuses, en rapport avec le problème auquel notre lettre apporte solution. Pour cela deux solutions : utiliser des pendules dont la charge est constituée par le minéral en question ou se servir d'un morceau de la pierre ad hoc comme témoin. Ainsi, pour les procédures d'ordre juridique, on utilisera plus volontiers la malachite ou l'hématite, la première s'il s'agit d'un règlement à l'amiable, la seconde s'il s'agit de gagner un procès. On usera également de la malachite, de la rhodonite ou de la magnétite (pierre d'aimant) pour les lettres d'ordre affectif. Une lettre de candidature sera présidée par l'aventurine ou le cristal de roche.

PENSÉE POSITIVE ET RADIESTHÉSIE : DES ASSOCIÉS INCOMPARABLES

Les passionnés de "pensée positive" connaissent la technique des petits papiers. Rappelons-la en quelques mots : il s'agit d'inscrire sur un morceau de papier une qualité morale ou spirituelle qu'on aimerait développer en soi, voire une situation que l'on désire vivre. Chaque matin, pendant un quart d'heure et chaque soir, avant de se coucher, on se concentre sur ce qui est écrit, en tentant de le visualiser. La clé de cette technique est de ne pas écrire "Je voudrais que ceci se passe comme ceci ou cela" mais de l'écrire comme si cela s'était déjà passé. On n'inscrira pas, par exemple "Je veux un travail agréable" mais "J'ai trouvé un travail agréable qui me convient parfaitement". Plus la formulation sera concise, tout en demeurant précise, plus l'impact sera important. Attention : il ne s'agit pas de s'éparpiller en pensant aux événements qui pourraient amener un tel résultat, mais sur le résultat même !

Cette technique gagnera à être complétée par le pendule. L'opération peut être réalisée à papier ouvert ou fermé. Il se peut que votre propre écriture trouble votre concentration. Faites girer votre pendule au-dessus de votre papier, dans le sens des aiguilles d'une montre, en vous concentrant sur le résultat final, concrétisé en images. Si cette "mise en images" vous semble difficile, si les "clichés" ainsi obtenus se troublent rapidement pour devenir flous, n'insistez pas en ce sens avant d'avoir perfectionné votre sens de la visualisation. Il existe pour cela une technique fort simple : observez l'objet le plus "nu" qui se trouve à votre portée. Il peut s'agir d'une gomme, d'un crayon, d'une allumette. Tentez d'en mémoriser le moindre détail. Puis fermez les yeux et remémorez-vous la forme ainsi étudiée. Persévérez jusqu'à la réussite, puis passez à des objets plus complexes. par étapes successives, vous pourrez, de cette manière, perfectionner votre faculté visualisatrice. Car, si de nombreux domaines parmi ceux que nous évoquons dans le cadre de cet ouvrage, nécessitent à la base un don, il ne faut jamais oublier, comme le disait si bien Brassens que "sans technique, un don n'est rien qu'une sale manie". Pour en revenir à notre exercice, il pourra bien sûr être perfectionné par l'usage de pierres ou d'objets témoins.

La "technique des petits papiers" entre également dans le cadre de notre propre évolution. Le papier pourra alors être nominatif "Moi... j'éprouve un courage de plus en plus grand" ou "Moi... ma volonté est chaque jour plus forte"... L'éventail des qualités retenues s'étend quasi à l'infini. Dans un premier temps, cependant, on pourra ne mentionner que les dites qualités. Là encore, il ne s'agit pas de se concentrer, comme le préconisait Robert Asagioli, le père de la psychologie transpersonnelle, sur ce que le manque de la vertu évoquée nous empêche de réaliser (solution ô combien dangereuse !). Ni même sur ce que nous devrons accomplir pour parvenir au but choisi. Mais bel et bien sur le but même. Les plus avancés d'entre nous quant à "l'imagination active" pourront même se représenter dans la nouvelle situation ainsi créée.

Le pendule est un formidable instrument de transmission à distance de nos émotions et désirs. Il agit à la manière d'une antenne amplificatrice.

LA RADIESTHÉSIE AU SERVICE DE L'EMPLOI

Jean-Louis Crozier et Jacques Mandorla, dans l'excellent *ABC de la Radiesthésie* (Editions Jacques Grancher) préconisent le test suivant : chaque jour, à une heure donnée, prenez la photo d'un ami qui ignore tout de vos agissements. Faites tourner le pendule vers la droite au-dessus de celle-ci et concentrez-vous fortement pour qu'il vous appelle aussitôt reçu votre message télépathique. Nous ajouterons qu'une mise en images ou en voix de votre communication augmentera vos chances de succès. Il est inutile de l'étendre à toute votre conversation. Le nombre d'images à retenir diminuerait en effet l'efficacité. Visualisez simplement votre ami en train de composer votre numéro de téléphone. Ou "entendez" sa voix dans l'appareil. Votre taux de réussite augmentera sensiblement avec une pratique régulière de ce type d'expériences. C'est le prélude à un autre exercice de volonté entrant parfaitement dans le cadre d'une " radiesthésie active ", telle que nous l'avons définie.

A présent que vous possédez la maîtrise de l'expérience précédente, imaginez la première phrase que votre ami dira au téléphone. Une phrase plausible, mais suffisamment précise pour qu'elle ne suscite pas de doute quant aux résultats de votre opération. "Qu'est-ce que tu fais ce soir ?", "Quoi de neuf aujourd'hui ?", " Tu ne devineras jamais ce qui m'est arrivé...". N'attachez pas d'importance au fait que cette phrase soit la deuxième prononcée. L'important est qu'elle soit dite. Il est peu probable, à moins que vous ne soyez exceptionnellement doué, que vous parveniez à ce résultat dès votre première mise en contact radiesthésique. Mais, quand le nombre de résultats obtenus (en changeant, bien entendu, votre phrase de temps en temps... et de personnes !) vous semblera suffisamment satisfaisant et significatif, vous pourrez passer à la phase la plus intéressante de cette opération.

Vous venez de déposer une lettre de candidature à une entreprise importante. Vous êtes confiant en vos compétences. Vous connaissez votre valeur. Mais comment faire (hormis par les techniques étudiées plus haut) pour que le patron de cette entreprise remarque votre lettre en particulier, dans le flot de réponses qu'il ne manquera pas de recevoir ? Il est peu probable, excepté dans le cas d'entreprises internationales (et encore !) que vous possédiez une photo du patron en question.

Mais vous pouvez vous servir du logo, ou simplement du nom, de l'entreprise comme témoin. Votre pendule bien en main, concentrez-vous sur la phrase qui vous semble la clé de votre engagement. "Vous êtes engagé", "J'ai examiné les candidatures. La vôtre me semble la meilleure ", "A partir de quand êtes-vous disponible". Tout en vous concentrant, faites girer votre pendule vers la droite. C'est un plus que vous apporterez à l'acceptation de votre candidature. Si vous n'obtenez pas le résultat souhaité, ne vous découragez pas. Il existe, comme partout ailleurs, dans la radiesthésie une marge d'échec.

D'autre part, il peut entrer en jeu des éléments dont vous n'avez pas connaissance et qui faussent la résolution du problème. L'amour semble, en ce domaine, a priori, moins complexe. Pourquoi ? Parce que vous possédez un nombre important de témoins, même si ceux-ci ne sont pas de nature matérielle. Même si vous ne possédez pas de photo ou d'élément corporel (cheveux, morceau de tissu porté...), vous connaissez sa voix, l'odeur de son parfum, son visage. La visualisation devrait donc se faire de manière plus évidente.

LE TAROT ET LE PENDULE AU SERVICE D'UNE "HARMONISATION AMOUREUSE"

Attention : il est une erreur fréquemment commise dans les "émissions amoureuses". Nous sommes tentés de projeter notre propre désir amoureux, alors que celui-ci est déjà acquis... ce qui compte, c'est celui de l'autre ! Se visualiser en train de dire "Je t'aime" n'aura aucun résultat sur la personne concernée. De même, dans notre cas de figure, s'entendre dire des mots d'amour à celui (celle) dont nous sommes épris.

Dirigez votre pensée, tout en faisant tourner votre pendule, sur son appel. L'appel téléphonique, à l'inverse des projections étudiées plus haut, étant relativement court et peu intime, il semble peu probable que la personne en question vous gratifie d'office de mots d'amour par cet intermédiaire, à moins que les pourparlers ne soient déjà bien entamés ! Éliminez donc d'office ce type de visualisations, dont les chances de succès demeurent minimes. Évitez également toute pensée parasite qui pourrait introduire un doute quant à l'aboutissement de "l'affaire". La phrase choisie pourrait être par exemple "J'aimerais qu'on se revoie" ou "Qu'est-ce que tu fais ce soir ?" (si la personne en question vous vouvoie, utilisez bien sûr le "vous")... Le choix est immense. N'oubliez pas un détail cependant : faites la parler avec son langage, non avec le vôtre.

A l'inverse de certains rituels dits de "magie d'amour", il ne s'agit ici nullement de forcer la volonté d'autrui, mais d'accélérer un processus naturel, de dynamiser une situation potentiellement probable. Ne vous attendez pas à des miracles si vous avez fait vivre l'enfer à la personne dont vous désireriez qu'elle vous recontacte. Les méthodes que nous préconisons viseraient plutôt à établir une communication directement d'inconscient à inconscient, par delà les habituels barrages des peurs, conventions, circonstances et autres obstacles matériels. Cette précision a son importance pour l'exercice qui va suivre. Fonctionnant par images/archétypes, le Tarot de Marseille nous montre, sous la forme d'un jeu de cartes, les situations auxquelles chacun d'entre nous se trouve confronté.

Par leurs formes, leurs images, leurs couleurs, ces cartes (ou arcanes) sont émettrices d'énergie. Particulièrement en ce qui concerne les arcanes dits majeurs, qui sont au nombre de 22. Il convient, avant d'effectuer cette opération, de s'être imprégné de son jeu, manipulant régulièrement les arcanes majeurs, en se bornant au rôle d'observateur, pendant une semaine au moins, afin d'imprégner le tarot de votre propre énergie.

S'il s'agit d'une tractation amoureuse, vous vous concentrerez sur l'arcane de l'Amoureux, ou mieux encore de la Coupe. Si le champ d'action ne concerne que la stricte sexualité, utilisez l'As de Bâton ou le Diable. S'il s'agit d'apaiser une querelle, en vue d'une réconciliation, usez de la carte Tempérance.

En vue d'un déménagement ou d'une mutation, vous aurez recours au Chariot. Dans le domaine des affaires, utilisez l'as de Denier. Les artistes auront, quant à eux, tout intérêt à se servir de l'Étoile. Servez-vous, lorsque cela est possible de témoins, pour les deux parties concernées. Mais si vous ne possédez pas de photo de l'élu (e) de votre coeur, ayez recours à des noms témoins de préférence à l'addition témoin-photo (de vous), nom-témoin (d'elle). Placez la carte choisie entre les deux éléments. Puis faites tourner votre pendule au-dessus de l'ensemble, en vous concentrant sur la pensée suivante "que l'énergie de cette carte circule librement entre ces deux personnes".

AVIS AUX APPRENTIS SORCIERS : ATTENTION AUX CHOCS EN RETOUR !

Attention : si de nombreuses cartes (ce qui rend leur manipulation délicate) se prêtent à des interprétations multiples, certaines sont perçues au premier abord par l'inconscient comme négatives et ne peuvent être utilisées, avec prudence, que par quelqu'un qui possède une connaissance approfondie du Tarot. Ne jouez pas les apprentis sorciers. Certaines personnes pourraient être tentées d'interpréter à leur manière les lignes qui précèdent et, à l'aide de ce procédé, envoyer à leurs ennemis l'énergie de la Maison-Dieu ou de la Lame XIII. Mais les énergies de haine demandent une force supérieure aux énergies d'amour, parce qu'elles entrent en collision avec le principe de Vie de l'Univers. Le choc en retour ne répond pas à des notions de Bien ou de Mal, mais à des critères d'équilibre et de déséquilibre, d'action et de réaction. Il est néanmoins bien réel.

IMPRIMER UNE "CHARGE AFFECTIVE" AUX OBJETS QUE VOUS ALLEZ OFFRIR...

Cette mise en garde étant effectuée, la radiesthésie active offre de nombreuses possibilités, entre autres celle de nous permettre d'imprimer une "charge affective" aux objets, principalement ceux que vous allez donner à la personne de laquelle vous désirez obtenir quelque chose.

Ici, tout dépend de l'opérateur et de la force de sa pensée. Mais si vous avez effectué les exercices précédents, vous devez savoir à quoi vous en tenir à ce sujet. Prenez l'objet dans votre main droite, celle qui envoie l'énergie. Fermez les yeux quelques minutes et imprégnez-le de votre désir, de votre désir réalisé.

Lorsque vous aurez bien mémorisé l'image que vous souhaitez transférer dans l'inconscient de la personne à laquelle est destiné cet objet, vous pourrez passer à la phase radiesthésique proprement dite. N'oubliez jamais que pour qu'un tel transfert de désir soit efficace, vous devez vous placer du point de vue de l'autre, et non du vôtre. Ce que vous devez visualiser, ce n'est pas votre plaisir (si votre opération porte sur le domaine sentimental ou sexuel) ou votre intérêt (s'il s'agit d'affaires), mais celui que l'autre ressent à la tractation proposée. C'est sur ce petit détail que butent de nombreuses visualisations.

Lorsque vous aurez achevé ce préliminaire, prenez l'objet dans votre main gauche, puis faites tourner votre pendule vers la droite, jusqu'à ce que la giration cesse d'elle-même. Vous pouvez renouveler plusieurs fois l'opération, mais concentrez-vous chaque fois sur le résultat.

UN EXERCICE PEU ORTHODOXE... MAIS A L'EFFICACITÉ CERTAINE !

Il vous est possible d'utiliser, lors de votre méditation, la phrase suivante "chaque fois que (nom de la personne) verra ou touchera cet objet, il s'ouvrira davantage à mes projets". Vous pouvez également créer votre propre phrase, mais elle doit respecter plusieurs impératifs : l'idée de contact visuel ou tactile avec l'objet et celle d'évolution des sentiments de la personne à votre égard, qu'il s'agisse de relations professionnelles ou sentimentales.

Vous renouvellerez l'opération sur une durée de quinze jours (ne vous laissez pas prendre au dépourvu par les dates anniversaires !) et, si c'est possible, durant la période de lune montante (on les reconnaît parce qu'alors, si l'on ajoute une barre au croissant lunaire, celui-ci forme un P).

Il ne vous reste plus qu'à offrir l'objet en question, chargé de votre désir. Si l'exercice porte essentiellement sur la sexualité, avant la "charge" radiesthésique, passez l'objet sur votre corps, tout en vous concentrant sur le but à atteindre.

DANS CERTAINS CAS, UN TRAVAIL PRÉALABLE D'APAISEMENT EST NÉCESSAIRE

Vous devez rester totalement fixé sur votre pensée imagée, et à aucun moment ne dévier dans votre univers fantasmatique. Après cela, vous pourrez passer à la phase radiesthésique. Signalons que la charge des objets est encore plus efficace lorsqu'elle est effectuée à l'aide d'une pyramide (voir ce chapitre). Rappelons toutefois que le pendule ne fait que donner un coup de pouce à une situation latente, la dynamiser. Elle ne provoque pas de situations *ex nihilo*.

Cela signifie par exemple que vous aurez beaucoup de mal à convaincre, même avec l'usage du pendule, une personne auprès de laquelle vous vous êtes, d'une manière ou d'une autre, rendu méprisable. Il faudrait en ce cas reprendre le problème à la base, par exemple à l'aide d'une lettre qui remettrait les choses en place, selon les techniques vues plus haut. En ce cas de figure, la lettre est supérieure au coup de téléphone, qui exige une réaction immédiate, spontanée, et risque de par ce fait d'envenimer les choses.

Si vous désirez pratiquer un travail radiesthésique envers une telle personne, procédez par étape. Utilisez pour cela des témoins papiers tels que "Apaisement", "Réconciliation" ou autres que vous jugerez plus adaptés à la situation. Il vous est loisible de poser en question préalable " Un travail radiesthésique pourrait-il me permettre de faire aboutir la situation (précisez cette situation) selon mes voeux ?" "Suis-je à même d'entreprendre un travail radiesthésique sur X ?"

TRAVAILLER SUR LES ALIMENTS AVANT UN REPAS EN TÊTE À TÊTE

Si vous êtes bon cuisinier (ou bonne cuisinière) et que la personne doive dîner chez vous, chargez les aliments qui vont composer votre repas. Puis procédez de même une fois les plats préparés. Choisissez de préférence des plats qui puissent se réchauffer... Imaginez la tête de votre invité débarquant de manière impromptue dans la cuisine et vous découvrant en train d'agiter votre pendule au-dessus des plats ! Il va de soi (mais précisons-le, tout de même) que dans cette perspective, vous n'aurez recours ni aux boîtes de conserve, ni aux surgelés. Votre repas doit vous appartenir de A à Z, ou presque. Il vous faut le personnaliser, lui apposer votre marque. L'enjeu en vaut la chandelle !

Une autre technique de charge des objets consiste à vous renseigner sur un détail appartenant à la personne concernée, qu'il s'agisse du domaine des affaires ou de celui des sentiments. L'exemple le plus typique est celui du parfum. Vous allez vous mettre en relation avec cette personne par l'intermédiaire de l'odeur qui lui est personnelle. " Chaque fois que cette personne mettra ce parfum...". Associer l'odorat à votre visualisation lui donnera plus de relief, car c'est une sensation directe, bien moins filtrée par le mental.

LA TECHNIQUE DES COULEURS

Ce que nous nommerons ici "méditation radiesthésique" sur les couleurs peut vous permettre de progresser, de donner un nouvel élan au secteur sur lequel vous travaillez. Il s'agit ici de ce que l'on pourrait appeler une projection globale, plus qu'une fixation sur un problème donné. La plupart du temps, nos problèmes trouvent leur source en nous-mêmes. Les éléments en eux-mêmes ne nous sont guère hostiles, ils ne le sont que par notre attitude par rapport à eux. Il convient donc de modifier celle-ci. C'est le but du travail sur les couleurs. Le vert est relatif aux problèmes matériels, aux biens mobiliers et immobiliers et en général à l'argent. Nos rapports avec la matière en général et l'argent en particulier sont rarement très sains. Comme l'affirme Murphy, le porte-parole le plus célèbre, avec Coué, de la pensée positive, “l'argent est une énergie qui doit circuler librement dans notre vie”. Le manque d'argent est souvent le symptôme d'une déficience psychologique. Nous reparlerons de la couleur bleue, réservée au domaine de la santé et de la forme, dans le chapitre qui lui est consacré. Le rouge est le domaine des passions, de l'amour, du désir. Il est pourtant peu conseillé de méditer sur cette couleur aux personnes trop nerveuses ou à celles souffrant de problèmes de circulation sanguine. Les personnes désirant favoriser leur spiritualité utiliseront les couleurs jaune, violette ou orange.

VOUS DEVREZ VISUALISER LA COULEUR... ET NON LA SITUATION

Comment procéder ? Procurez-vous de petits morceaux d'étoffe de cette couleur. Pourquoi des étoffes ? Parce qu'elles vous permettront, à l'inverse de papiers colorés, d'établir un contact physique. Vous pouvez procéder de deux manières différentes : 1) Vous tenez le morceau d'étoffe de la main gauche et imprimez à votre pendule un balancement vers la droite au-dessus de votre main ; 2) vous posez le tissu sur la table et faites girer votre pendule. La technique est cependant fort différente de celle des petits papiers. Ici, ce n'est pas sur la situation, ni sur le but à atteindre, que vous devrez fixer votre pensée. Pendant les oscillations de votre pendule, laissez-vous absorber par la couleur jusqu'à ne plus percevoir qu'elle. Le but recherché est l'assainissement général de ce secteur et de la perception que vous en avez. Deux fois quinze minutes par jour nous semble un rythme viable. Il est conseillé toutefois de faire succéder à une méditation en rouge une autre axée sur une couleur spirituelle, ou du moins de les alterner. Un travail trop intense sur le rouge pourrait créer un déséquilibre. Pour cette couleur, vous pouvez ne pratiquer qu'une dizaine de minutes. Cette méditation sera renforcée si vous accompagnez votre exploration de la couleur par la présence de bougies de même teinte, qui constitueront l'éclairage. Ceux qui en ont la possibilité pourront de même utiliser des spots colorés. Votre esprit doit éliminer, du moins réduire au minimum, toute pensée parasite.

LE BLANC : LA COULEUR IDÉALE POUR FAVORISER LE DÉDOUBLEMENT ET LE VOYAGE ASTRAL

Ceux qui ne conçoivent pas la mort comme une fin, mais comme une nouvelle métamorphose, une étape obligée de notre évolution utiliseront, quant à la spiritualité, de préférence la couleur blanche. Signalons par ailleurs qu'elle favorise le dédoublement et le voyage astral. Ceux qui sont familiers de cette aventure ou qui souhaitent la mettre en pratique commenceront par une méditation radiesthésique de ce type. Cependant, si vous êtes sujet au vertige, à la peur du néant, du vide, évitez cette couleur. La teinte noire est rigoureusement proscrite de ces exercices. Elle est, pour ainsi dire, trop marquée par des pensées et des influx négatifs.

De temps à autre, essayez-vous à fermer les yeux et à visualiser, sur votre écran mental, la couleur dynamisée. Lorsque la teinte reproduite par votre image interne correspondra parfaitement à celle de l'étoffe, vous serez prêts pour la phase suivante de cet exercice. Il se pratique sans pendule, appartenant à ce que l'on désigne sous le nom de “radiesthésie mentale”.

Apprenez dans un premier temps à visualiser votre pendule en mouvement. Répétez cet exercice autant de fois que nécessaire pour obtenir une visualisation ad hoc. Puis travaillez uniquement sur la couleur. Familiarisez-vous avec elle. Imaginez-la baignant votre corps tout entier, l'enveloppant dans une sorte de bulle.

UNE RADIESTHÉSIE COLORÉE... SANS PENDULE ET SANS COULEURS !

Quand vous aurez parfaitement maîtrisé ces deux éléments, vous allez visualiser votre pendule tournant au centre de la couleur. Il est à gager que vos premiers essais ne seront guère concluants : l'un ou l'autre disparaîtront, mais, avec l'exercice, nul doute que vous parviendrez à bien gérer les deux images et à agencer leur superposition.

Cet exercice, lorsqu'il est correctement dirigé, s'avère dans bien des cas plus efficace que le précédent. Pourquoi ? Parce qu'il ne passe pas par un support physique et vous met en relation directe avec votre inconscient, infusant son pouvoir dans les parties les plus profondes de votre être.

L'exercice suivant peut se pratiquer selon diverses méthodes, mettant en jeu l'une ou l'autre pratique (radiesthésie pendulaire et radiesthésie mentale) ou les conjuguant. Il s'agit cette fois ci d'une radiesthésie "orientée". Placez à l'intérieur de votre tissu un témoin de la personne sur laquelle vous désirez exercer une "projection". Cependant votre concentration ne portera pas sur le but final mais sur le domaine projeté. Vous pouvez placer le tissu sur la table et pratiquez avec votre pendule, ou avoir recours à la radiesthésie mentale, en visualisant couleur (et non l'objet témoin) et pendule.

Vous pouvez également avoir recours au pendule et ne vous représenter que la couleur ou l'inverse. Si vous pratiquez uniquement par radiesthésie mentale, placez le tissu entourant l'objet ou le mot témoin entre vos deux paumes jointes. Vous pouvez également pratiquer ce type d'opérations sous pyramide.

Médaille de saint Benoît contre les influences négatives.

Chapitre Dix

VOTRE SANTÉ DÉPEND-T-ELLE DE L'ORIENTATION DE VOTRE LIT ?
(des ondes nocives et de la Géobiologie)

CONTRAIREMENT À CE QUE PENSAIENT CERTAINS PIONNIERS DE LA GÉOBIOLOGIE, NOUS NE SOMMES PAS BOMBARDÉS D'ONDES NOCIVES !

Au-delà de ses formes, notre univers est un réseau cohérent d'énergies et ces énergies influent directement sur notre vie. Elles se manifestent de manière plus ou moins forte en fonction de notre sensibilité, de notre sensitivité.

Nous résultons d'un juste équilibre entre les forces du ciel et de la terre. Cela signifie donc que notre vie de tous les jours est autant exposée aux ondes nocives qu'aux ondes bénéfiques et que pour nous épanouir pleinement dans notre dimension spirituelle et physique, il nous faudra apprendre à neutraliser les unes pour mieux profiter des autres. Certains d'entre nous se prêtent d'instinct au grand jeu cosmo-tellurique et ressentent intensément lieux et objets. Ils possèdent en eux une bonne part de médiumnité, qui leur fera ressentir de manière particulièrement vive et ce, dès le premier contact avec une demeure ou une personne, si ceux-ci peuvent aider à son développement et n'être pas source de nuisance. Il n'y a pas, contrairement à ce que l'on a cru pendant un certain temps (dont certains parmi les pionniers de la Géobiologie, terme sur lequel nous allons revenir), une affluence d'ondes nocives affrontant de manière pernicieuse une faible quantité d'ondes bénéfiques. Les lieux bénéfiques sont connus, c'est-à-dire ressentis. Il semble même qu'ils soient a priori plus aisément décernables que les lieux à nocivité moyenne. Comme nous le verrons, des lieux à forte nocivité entraînent des modifications de comportement, voire des altérations psycho-physiologiques parfois suffisamment importantes pour être prises en considération comme autant de signaux d'alarme.

DES TROUBLES RÉPÉTÉS METTENT SOUVENT LA PUCE À L'OREILLE DU RADIESTHÉSISTE...

On se dirigera d'instinct vers un point géographique, qu'il s'agisse d'une demeure, d'un paysage, ou de certaines architectures sacrées, que nous ressentons bien. C'est ce qui explique, par exemple, la fréquentation régulière de plages qui, apparemment, n'ont pas grand-chose de plus que leurs consœurs. Le sable en effet véhicule, et plus particulièrement en certains endroits, des ondes positives. En revanche, il ne nous apparaît pas toujours comme une évidence primordiale de nous éloigner de lieux qui nous sont nocifs, excepté comme nous l'avons vu, si cette nocivité se manifeste à un degré tel que nous ne puissions nous aveugler plus longtemps quant à sa nature.

Il faut toute la perspicacité d'un radiesthésiste pour détecter la présence d'une nocivité moyenne qui, à la longue, peut s'avérer dangereuse. Ce sont les troubles répétés qui nous mettent souvent la puce à l'oreille : insomnies chroniques dont l'apparition remonte à notre installation dans une certaine demeure, mauvais état de santé, cauchemars, tendances dépressives. Mais outre de telles émergences et une exploration radiesthésique poussée (celle-ci pourra être accomplie, par exemple, sur un plan de la maison, qui servira ici de témoin), il existe d'autres méthodes et manifestations permettant de déceler la présence d'ondes nocives, notamment par l'intermédiaire des plantes, comme nous le verrons plus loin.

DES ONDES NOCIVES POUR NOUS... MAIS BÉNÉFIQUES POUR LES CHATS !

Nocives et bénéfiques n'implique nullement une notion manichéenne de Bien et de Mal. Ce terme de nocivité s'applique à un type d'ondes n'entrant pas en relation harmonieuse avec notre constitution psycho-physiologique, sources de déséquilibre d'ordres tant psychiques, mentaux, que physiques et spirituels. Ainsi, si les chevaux et les chiens ressentent comme une agression, voire un danger, ces ondes avec une acuité particulière, en revanche chats et fourmis n'en semblent pas souffrir outre mesure. Il semblerait même au contraire qu'ils recherchent ce type d'endroits et y établissent leur quartier général.

Certains êtres parvenus à de hauts degrés de spiritualité, et ce quelle que soit la voie dans laquelle ils se sont engagés, peuvent se servir de ces ondes dites "nocives" à des fins positives, sans paraître en ressentir de troubles particuliers. La couche atmosphérique a pour vertu particulière de filtrer les ondes les plus nocives quant à notre équilibre, ne laissant que les plus faibles nous parvenir et diffusant donc essentiellement des ondes bénéfiques. Des ondes + pour parler en termes d'électricité, car nous le rappelons, tout se joue ici en termes d'énergie complémentaire et non de valeurs morales attribuées à tel ou tel type d'ondes parcourant notre univers.

LA RELIGION (QUELLE QU'ELLE SOIT) CONTIENT DES VÉRITÉS PREMIÈRES SOUS DES FORMES IMAGÉES

Cette vertu de la couche atmosphérique fit considérer le ciel, de tous temps, comme le siège des ou de la divinité. Le rayonnement cosmique fut étroitement associé à la part la plus élevée de l'âme. C'est là également que le symbolisme de l'ascension spirituelle trouve vraisemblablement son sens et son origine. Les ondes telluriques, celles qui nous viennent de la terre, n'en sont pas pour autant essentiellement des facteurs de déséquilibre. Elles peuvent même être source d'harmonie, pour peu qu'on sache en respecter les tenants et aboutissants. Néanmoins, les profondeurs étaient généralement attribuées aux démons et aux mauvais anges. Ce qui ne signifie pas qu'il en soit ainsi dans toutes les traditions. Chez les Chamans sibériens notamment, on trouve en enfer un nombre à peu près équivalent d'entités maléfiques et d'entités bénéfiques. Quant à leur ciel, il ne contient pas que des anges, loin s'en faut !

Pour les Chamans cependant, comme pour beaucoup de magistes occidentaux d'ailleurs, les daïmons des profondeurs sont plus faciles d'accès que les entités du ciel, plus distantes. Comme bien souvent, on retrouve dans la religion (quelle qu'elle soit) des vérités premières sous des formes imagées. Ainsi que semble nous signifier la religion chamanique ? Simplement que les ondes telluriques ne sont pas toutes essentiellement négatives et que les ondes cosmiques ne sont pas toujours faciles à capter. Élémentaire mon cher Watson, comme aurait dit Sherlock Holmes. Il n'en demeure cependant pas moins vrai que la plupart des ondes – traversant notre planète – , d'origine électromagnétique (nous y reviendrons), sont des ondes telluriques.

LA TRADITION CHINOISE DEMEURE TRÈS PROCHE, DANS SES CONCEPTIONS, DES THÉORIES SCIENTIFIQUES LES PLUS AVANCÉES DE LA GÉOBIOLOGIE...

Les Chinois parlent à ce propos des "veines du Dragon" dont il convient de canaliser la force. Une telle conception n'est pas très éloignée, comme nous le verrons plus loin, des résilles Peyré et du réseau Hartmann. Cependant, force nous est de constater que, de plus en plus, les ondes *moins* multiplient leurs sources. Toutes ne sont pas issues de rayonnements énergétiques souterrains (qui comme nous le verront culminent sur les noeuds du réseau Hartmann, ainsi qu'à la perpendiculaire des rivières, marais, sources... Or, beaucoup de maisons modernes sont bâties sur d'anciens marécages, notamment dans les banlieues !). Leur origine peut être mentale ou spirituelle, par le biais d'un envoûtement, qu'il soit volontaire et conscient ou non. Mais la multiplication des sources d'ondes moins est principalement inhérente à la vie moderne : objets chargés d'électricité statique, proximité d'un pylône E.D.F., tableaux ou sculptures aux formes ou couleurs disharmonieuses. Il faut entendre ce mot "disharmonieux", non comme un critère de jugement esthétique, mais en tant que forme induisant un déséquilibre neurophysiologique.

CERTAINS OBJETS "CHARGÉS" PEUVENT ÉGALEMENT ÊTRE SOURCE D'ONDES NOCIVES...

La forme émet-elle par elle-même ou n'est-elle qu'une forme-antenne susceptible de capter certaines fréquences perturbatrices ? La question est loin d'être résolue, mais il est curieux de constater que la physique moderne, depuis quelques années, se penche avec une attention particulière sur le problème de la forme, cherchant à connaître pourquoi tel objet possède telle forme plutôt que telle autre, notamment à travers les travaux de l'Anglais Rupert Sheldrake. Sa théorie des "champs morphogénétiques", présidant à l'élaboration des formes, en fit un hérétique pour les uns et l'un des plus grands découvreurs de ce temps pour les autres. Les lecteurs intéressés pourront se reporter utilement à ses ouvrages, parus aux Éditions du Rocher, car sa théorie reste trop complexe pour l'exposer de manière cohérente dans le cadre de cet ouvrage.

Une autre source d'ondes nocives est constitué par les "objets chargés". C'est le cas de certains tableaux, ou de masques, statuettes, objets d'origine (ou d'inspiration, car ces types de fétiches sont souvent reproduits de manière très industrielle) Africaine reliés à des rituels particuliers. Certains d'entre eux sont bâtis sur le même modèle que des masques, objets, statuettes présidant à des cérémonies manipulant des énergies du pôle négatif en forte quantité ; cela n'implique pas d'ailleurs nécessairement des expériences de ce qu'on nomme "magie noire".

UN LIT MAL ORIENTÉ PEUT ENGENDRER DES TROUBLES DE L'ORGANISME ALLANT DE LA MIGRAINE AU CANCER...

Il sera bon de se soucier de la provenance de certains objets car leur passé les imprègne. C'est d'ailleurs sur ce principe confirmé par la réalité des faits que se base la voyance sur objet. Des effets négatifs sur votre organisme peuvent également trouver leur origine dans une mauvaise orientation du lit. Il est généralement recommandé de coucher dans des lits en bois plutôt que dans des lits en fer. Ceux-ci peuvent en effet jouer le rôle de catalyseur d'ondes ; ils vont capter les courants de la même manière qu'un paratonnerre attire la foudre. L'orientation communément admise est de placer la tête au nord, ce nord étant, contrairement à ce qu'affirment, ou du moins laissent supposer par un manque flagrant de précision, certains géobiologistes, bien entendu le nord magnétique, indiqué par la boussole, et non le nord géographique relatif à l'orientation de la maison. Néanmoins, il reste évident que la bonne position pour un lit est celle dans laquelle vous vous sentez bien. Si vous éprouvez migraines, angoisses, réveils douloureux (cela n'est pas dans tous les cas inhérent à la literie !), états dépressifs ou cauchemars à répétitions, n'hésitez pas : changez votre lit de place. Cette simple opération peut suffire à vous amener le repos. Votre lit peut en effet être situé au-dessus d'un point stratégique : croisement de lignes de force telluriques (autrement dit le fameux "noeud Hartmann" même !), perpendicularité par rapport à un courant souterrain, diagonale d'un pylône électrique, etc. Dans ces derniers cas, comme nous le verrons, il peut exister un risque cancérigène important.

LES TROIS PRINCIPALES MÉTHODES DE DÉTECTION D'ONDES NOCIVES

Les sources de pollution sont nombreuses, mais les remèdes sont tout aussi souvent aussi simples qu'efficaces. Vous pouvez déterminer si votre lit est à la bonne place de trois manières : 1) manu militari en le changeant de position, jusqu'à ce que vous vous y sentiez bien ; 2) par une recherche scripto-pendulaire ; 3) en utilisant l'une de vos baguettes, en L ou en V. La première possibilité conviendra particulièrement à ceux et celles qui ont la bougeotte. Pour la seconde, après avoir établi votre convention mentale – oui à droite, non à gauche ou positif à droite, négatif à gauche – interrogez votre instrument pour savoir si votre lit est bien orienté.

Vous pouvez procéder de même en le déplaçant dans tous les coins et recoins de votre appartement, afin d'obtenir une cartographie plus précise de la nocivité, ou non nocivité des lieux. Il est à noter d'ailleurs que votre pendule s'affolera particulièrement en des lieux électromagnétiquement chargés. Vous pourrez de même vous livrer à cette revue de détail sur les différents objets de votre demeure, en commençant par ceux sur lesquels vous éprouvez des doutes. Il ne tiendra plus qu'à vous ensuite de neutraliser ces sources, selon des méthodes que nous étudierons plus en détail au cours de ce chapitre. Vous pouvez également établir ce type de conventions mentales : en présence d'ondes nocives, mon pendule girera vers la gauche.

UN TÉMOIN FIABLE : LA FOUGÈRE MÂLE

On peut, dans les deux types de conventions mentales que nous avons étudiées, procéder à des recherches sur plan, afin de savoir si l'appartement tout entier se situe sur une zone dangereuse ou s'il s'agit d'un lieu déterminé et si oui lequel. On dirigera la baguette vers la tête du lit. Si celle-ci s'oriente fortement vers la gauche, il y a fort à parier qu'on se trouve en présence d'ondes moins. Il existe bien entendu d'autres signes : non seulement physiques tels l'insomnie, les lumbagos, les maux inexpliqués, l'état dépressif permanent, qui peuvent dans le cas de perturbations particulièrement graves du champ gravitationnel s'amplifier jusqu'à la sclérose en plaques, la folie, etc. De nombreux experts, tel Jacques La Maya, auteur de *La Médecine de l'habitat* (Éditions Dangles) témoignent de tels phénomènes. Si vous désirez confirmer votre intuition d'une forte imprégnation négative d'un lieu, rien de tel que les fougères mâles. Placez-les dans un récipient rempli d'eau. En présence d'un "bombardement d'ondes nocives", elle se recroquevilleront et vireront au brun marron. C'est le même phénomène, aisément constatable, qui préside au transfert dans les cérémonies de désenvoûtement, dans lesquelles la plante prend la charge envoyée sur une personne.

UN ENDROIT PARTICULIER DE VOTRE MAISON PEUT ÊTRE CHARGÉ SANS QUE L'ENSEMBLE DE CELLE-CI SOIT CONTAMINÉ !

Dans un lieu infesté d'ondes nocives, l'enfant cherchera le bord du lit, afin d'éviter la zone que d'instinct il sent disharmonieuse et déséquilibrante. Mais attention ! N'en tirez pas de conclusion hâtive ! Un endroit particulier de votre maison peut être chargé sans que pour autant toute votre maison soit contaminée. La technique de la règle graduée (voir le chapitre voyance) et des calculs de probabilité peut vous permettre de déterminer, et ce de manière très précise, le degré de nocivité de l'endroit que vous habitez, puis de telle ou telle pièce, que vous explorerez radiesthésiquement une à une. Le pendule n'est pourtant pas l'unique instrument de mesure des courants telluriques. Rémi Alexandre, le fameux auteur de *Votre lit est-il à la bonne place ?*, dans son livre *Votre maison, vous-même* (Éditions Albin Michel) révèle qu' "une partie de ces courants telluriques se mesure aisément par des appareils électroniques sensibles et précis : galvanomètres entre deux électrodes électriques plantées à distance dans le sol et magnomètres pour le champ magnétique ".

LES FONDEMENTS SCIENTIFIQUES DE LA GÉOBIOLOGIE

Il est pourtant étrange de constater qu'en dépit des remarquables travaux de de Broglie sur les ondes nocives, l'histoire de la Géobiologie fut essentiellement marquée par des médecins et des vétérinaires, plus que par des physiciens. Si cela peut paraître paradoxal à première vue, une réflexion plus approfondie permet d'en déterminer les raisons fondamentales : hommes de terrain, ces derniers se sont davantage penchés sur l'émergence de pathologies répétées apparemment dues au lieu. En ce domaine, le docteur Peyré fut un précurseur. Dès 1947 paraissait, à la Maison de la Radiesthésie, un ouvrage intitulé *Radiations cosmo-telluriques* et sous-titré "Rayons Peyré, leur topographie sur toute la planète, leur rapport possible avec la pathologie humaine, animale, végétale et notamment avec le cancer". On ne saurait être plus clair. Mais Peyré n'avait pas attendu cette date pour effectuer les découvertes exposées dans ce livre. Dix ans plus tôt, en 1937, il exposait déjà ses théories, amplement vérifiées depuis de manière expérimentale, au Congrès international de la presse scientifique. L'idée de Peyré est simple : le quadrillage du globe utilisé pour définir longitudes et latitudes définit un réseau de courants telluriques sur la surface de notre planète.

DU CLOISONNEMENT PEYRE AU RÉSEAU HARTMANN VERS UNE PRÉCISION DE PLUS EN PLUS IMPORTANTE

Ces courants, en eux-mêmes, ne présentent pas de source de nocivité, et par conséquent de danger pour l'homme. Mais chaque croisement des lignes verticales et horizontales, chaque angle des carrés ainsi formés représente une zone d'alerte. Toute personne située au-dessus de ce point expose gravement sa santé. Il faut savoir, par ailleurs, que le rayonnement cosmique, c'est-à-dire émergeant de la ionosphère, ne représente qu'un tiers des ondes que nous recevons, parce qu'elles sont éminemment filtrées et que peu nous atteignent. Le cloisonnement Peyré présente des mailles relativement larges. Un médecin allemand, le Dr Hartmann, complétera, dans les années cinquante, les intuitions de Peyré, leur donnant une tournure plus précise et plus scientifique.

Le réseau Hartmann est constitué de "murs" ou, pour être plus précis, de parallélépipèdes rectangles vibratoires élevés à la verticale, dont les dimensions ont pu être définies. D'une épaisseur de 21 cm, les grilles du réseau Hartmann mesurent approximativement deux mètres dans le sens nord/sud et deux mètres cinquante dans le sens est/ouest. En hauteur, leur rayonnement peut s'étendre jusqu'à cinq kilomètres ! Mais à cette hauteur, il est neutralisé par le rayonnement cosmique.

ZONES NEUTRES, ZONES NOCIVES ET COURS D'EAU SOUTERRAINS

La zone neutre des résilles Hartmann se situe tout naturellement au centre, alors que la zone rouge se situe à la verticale des croisements de lignes (les noeuds Hartmann). Là où les choses se compliquent, c'est que ces réseaux demeurent susceptibles de variations, d'amplifications. C'est le cas par exemple en présence de failles géologiques ou de cours d'eau souterrain. Il n'est pas rare alors que le rayonnement s'effectue en étoile, à partir du noeud Hartmann.

On a également remarqué que les mailles des résilles s'élargissent, parfois dans de fortes proportions, à proximité d'un séisme. Autre cas de figure : celui où ces ondes électromagnétiques se chargent des informations liées à la constitution du terrain, par exemple si elles traversent des couches d'uranium. De telles anomalies peuvent, en principe, être détectées par compteur Geiger. Mais dans les faits, comme le signale Danielle Semelle, dans son *ABC de la Géobiologie... Comment bien vivre dans votre maison*, sa sensibilité est parfois insuffisante, la radiesthésie présente l'avantage de déceler les éléments les plus faibles. Car, pour faibles qu'ils soient, ils n'en demeurent pas moins nocifs pour notre organisme, alliés à la charge du rayonnement tellurique !

En Allemagne, les Dr Hartmann et Jenny réalisèrent une expérience pour le moins déconcertante et probante sur quatorze mille souris. L'expérience dura douze ans. Elle consistait à placer un groupe de souris d'une même portée, de poids égal sur une zone neutre. Un autre groupe étaient placé sur un "noeud Hartmann". La fécondité des premières, d'une part, fut de trente pour cent supérieure à celle du second groupe. D'autre part, on remarqua chez ces dernières d'étranges phénomènes : anxiété, tendance à se rapprocher le plus possible des zones neutres, pertes des poils, cannibalisme, agitation. Au bout d'un mois et demi, on remarqua un taux élevé de tumeurs.

LES ONDES TELLURIQUES TRAVERSENT TOUTES SORTES DE MATIÈRES... Y COMPRIS FER ET BÉTON !

On comprendra, au vu de ce qui précède, que la position du lit est donc des plus importantes. Un simple déplacement peut parfois éviter de gros soucis. Parallèlement à l'orientation, souciez-vous de n'être pas placé sur un croisement tellurique. pour cela, interrogez votre pendule ou votre baguette, selon les méthodes que nous avons étudiées, ainsi que la règle du calcul de probabilités (chapitre voyance). Les ondes telluriques traversent toutes sortes de matières, y compris fer et béton. Certains matériaux semblent les amplifier. Si coton, laine et lin semblent sinon en neutraliser, du moins en diminuer les effets, en revanche les matières synthétiques demeurent, pour la plupart des radiesthésistes, contre-indiquées. Les Frères Servranx, auteurs de la revue "Exdocin", qui fait encore aujourd'hui le bonheur des chercheurs en ce domaine (leurs écrits datent pourtant des années 50 !), spécifient qu'ils s'agit d'abord de connaître l'origine des dits tissus synthétiques, leur lieu de provenance, si l'usine qui les fabrique est située ou non en "zone rouge"...

Tâche nous paraît-il quelque peu complexe !

LES QUESTIONS QUE VOUS DEVEZ POSER POUR MIEUX MESURER LES PROBLÈMES... ET LEURS SOLUTIONS !

La première question à poser, en recherche radiesthésique, sera de savoir s'il existe plusieurs lieux de croisement des lignes telluriques à l'intérieur de votre appartement. Un seul ? Pas du tout ? Ensuite, déterminez si votre lit, en un endroit ou un autre de sa longueur, est situé sur l'un de ces noeuds. Votre bureau ? Votre ordinateur ? Votre télé ? Votre chaîne Hifi ? Les appareils électriques amplifient les perturbations électromagnétiques.

Il existe de nombreuses méthodes de protection et de neutralisation. Dans certains cas, il peut être bénéfique de placer un bidon d'huile de voiture de cinq litres, que l'on changera au bout d'un mois, le jetant après l'usage. L'huile et le bidon capteront et retiendront les ondes nocives qui parviennent à vous. l'encens, souvent préconisé, n'est pas toujours efficace et même totalement disproportionné dans ce que l'on nomme "maisons à cancer". Ils peuvent cependant revêtir davantage d'efficacité s'ils sont placés sous pyramide ou dans quelques cas de figure particulièrement traumatisants, sous dodécaèdre. Ces formes pourront être placées sous votre lit ou à proximité de votre bureau.

LES NOEUDS HARTMANN MODIFIENT L'ÉLECTRICITÉ STATIQUE DU CORPS

Ces méthodes ne suffiront peut-être pas à éliminer totalement les perturbations liées au réseau Hartmann ou à des sources souterraines (dont la présence pourra être aisément décelée par l'usage de la baguette de sourcier, qui prend ici tout son sens), mais en rendront tout au moins la présence supportable.

Des expériences ont prouvé que les "nœuds Hartmann" modifiaient l'électricité statique du corps. Dans la même optique, la présence de lumière peut vous aider à retrouver votre équilibre. Il suffit de laisser près de soi un lumignon pour constituer un obstacle aux ondes nocives. Les plus bricoleurs pourront relier les pieds de leur lit ou de leur bureau par un fil de cuivre ou y placer une bassine pleine d'eau (régulièrement changée) dans laquelle ils mettront deux couteaux pointes en l'air, qui joueront l'office de paratonnerres. Déterminez également si votre appartement bénéficie de zones neutres. Pour cela tracez un plan, à l'échelle ou à peu près, de chaque pièce, dans laquelle vous dessinerez les principaux objets.

VOTRE APPARTEMENT BÉNÉFICIE-T-IL DE « ZONES NEUTRES » ? ET COMMENT LES DÉCOUVRIR ?

Effectuez une recherche progressive au pendule, afin de connaître la neutralité de la pièce en général, de ses différents angles, et des objets qui s'y trouvent. Demandez ensuite, en les énumérant, quel serait le meilleur moyen pour neutraliser ces influences : changer cet objet (ou ce meuble) de place ? Utiliser une forme géométrique ? Pyramide ? Dodécaèdre ? Autre ? Effectuer une programmation cristal (opération réalisée bien entendu dans une zone neutre) ? Positivation sous pyramide ? Sous dodécaèdre ? Encens ? Bidon d'huile ? Lumière ? Si aucune de ces solutions ne retient l'attention de votre pendule, c'est : 1) soit que la charge de votre appartement est trop forte pour être contrée (en ce cas vérifiez qu'il ne s'agisse pas d'un envoûtement) ; 2) soit qu'il existe d'autres méthodes que vous n'avez pas explorées, par exemple repeindre votre appartement, ou avoir recours à un spécialiste des ondes nocives... Les possibilités sont multiples et votre investigation pourra vous sembler longue et fastidieuse. Mais que de maux vous éviterez ainsi !

CHAPITRE ONZE

LA RADIESTHÉSIE DES AFFAIRES

VOTRE OUTIL MAJEUR : UNE PARFAITE CONNAISSANCE DU DOMAINE ABORDÉ

La radiesthésie appliquée au domaine des affaires est considérée, en règle générale, comme un parent pauvre par les praticiens. Une telle situation ne nous semble s'expliquer que par le mépris dans lequel les spiritualistes tiennent généralement le matériel en général et l'argent en particulier. Pourtant, comme le signale Murphy, l'argent est une énergie et une bonne santé spirituelle passe par sa libre circulation en tant que telle dans nos vies. Ce secteur présente, comme on le verra, de multiples intérêts, et rendra de grands services aux industriels, aux professions libérales, aux artistes et, plus largement encore, à toute personne désirant vendre, acheter, louer, gérer son budget. En ce domaine votre outil majeur demeurera une parfaite connaissance du sujet abordé, qu'il s'agisse de bourse, d'immobilier, de gestion industrielle... Sans un solide acquis concernant le secteur que vous souhaitez explorer, il est peu de chances d'arriver à des résultats probants. On le sait, pour aboutir à une vue d'ensemble relativement précise d'une situation donnée, il vous faut cerner un à un les éléments qui la composent. Si vous en ignorez bon nombre, la tache risque d'être complexe !

TOUTE RECHERCHE DOIT ÊTRE GUIDÉE PAR UNE NOTION D'ÉQUILIBRE, DE POLARITÉ, DE COMPLÉMENTARITÉ POUR ÊTRE EFFICACE

Si la question est relative à votre profession, un travail de relaxation devra être effectué auparavant. Vous devez aborder tout travail radiesthésique avec calme et sérénité, voire avec détachement, en réduisant au minimum les projections négatives de toutes sortes. Une implication trop forte serait susceptible de fausser vos résultats, car le pendule est un instrument d'une sensibilité extrême, qui réagit à vos influx.

Toute recherche doit être guidée par une notion d'équilibre, de polarité, de complémentarité. Comme me le rappelait sans cesse mon maître ès radiesthésie, le Révérend Père Jurion, il faut tenir compte des intérêts réciproques et non pas des intérêts uniques d'un parti au détriment de l'autre.

Vous allez faire travailler, en étroite collaboration, vos cerveaux droit et gauche. Commencez par noter sur une feuille de papier, toutes les questions qui se présentent à votre esprit. Si un aspect de la situation vous échappe, n'hésitez pas à poser des questions à votre interlocuteur.

Laissez-vous guider par votre intuition. Elle vous dictera souvent les questions essentielles, celles dont dépend la réalisation, la concrétisation pourrions-nous dire, de votre affaire. S'il vous vient une idée, n'hésitez pas à la soumettre à un examen radiesthésique. Est-elle bonne ou devez-vous la rejeter ?

N'OUBLIEZ PAS CES "À CÔTÉS" QUI NE SONT GÉNÉRALEMENT PAS PRIS EN COMPTE

Encore une fois, ayez toujours présent à l'esprit qu'un contrat doit être satisfaisant pour les deux parties faute de quoi, même s'il se voit adopté, il générera des conflits sans fin.

N'hésitez pas à élargir le problème, en tenant compte de tous les "à côtés" qui ne sont généralement pas pris en compte. Vous désirez acheter une maison. D'après vos recherches, elle ne possède aucun défaut apparent et, au niveau financier, une conclusion de l'affaire serait avantageuse pour l'une et l'autre partie. Mais cette maison vous correspond-elle au niveau vibratoire ? N'est-elle pas située sur un "nœud Hartmann" ou à proximité de pylônes électriques ? Serez-vous bien accepté par votre voisinage ? Quelle sera l'influence de votre déménagement sur votre vie relationnelle ? Sociale ? Professionnelle ? Sentimentale ? Si vous êtes artiste, sera-t-elle bénéfique à votre créativité ?

Deux cas, tirés de ma longue expérience de radiesthésiste, me semblent illustrer parfaitement les difficultés auxquelles vous pouvez être confrontés.

QUAND UNE MAUVAISE ALIMENTATION ET UN ABUS DE SOMNIFÈRES SONT CONFONDUS AVEC UN RAYONNEMENT NOCIF !

Premier cas : un couple de retraités est installé à 150 km au sud de Paris. Tout allait bien au début de leur arrivée dans cette jolie maison individuelle.

Progressivement la santé du mari se détériore. Des événements "surprenants" se manifestent. Choqués, ils décident de faire appel à une radiesthésiste de pacotille. Réponse : la maison est "négative", le terrain "nocif", "les meubles chargés négativement" – Vendez, partez ou restez et je vais changer tout contre une somme représentant la moitié du S.M.I.C. ! Appelé sur place pour confirmation, je décèle la présence de nombreuses sources souterraines sur les 5000 m^2 de terrain. La maison est saine, pas d'humidité. Après interrogation, je constate que seul le mari souffre. La femme supporte parfaitement cet environnement.

Je conseille donc à ce monsieur de reprendre une activité de loisirs, de se soigner plus sérieusement et de revoir une alimentation désastreuse. Il cesse de lui-même des médicaments qui le faisaient dormir le jour et étaient inefficaces la nuit. Une amélioration très nette se fait ressentir au bout de quelques semaines. Mauvaise alimentation, vie stressante, abus de somnifères et lassitude entraient à part égale en jeu. Ils résident encore, en bonne santé, dans cette merveilleuse propriété.

MÉFIEZ-VOUS DES INTERPRÉTATIONS HÂTIVES... UNE RECHERCHE RADIESTHÉSIQUE DOIT TOUJOURS ÊTRE MENÉE JUSQU'AU BOUT !

Supposons que ce soit le mari qui se soit livré à une investigation radiesthésique avant d'acheter la demeure. Il aurait probablement découvert la présence d'ondes nocives dans ou autour de la maison, par refus d'affronter ses propres problèmes d'hygiène de vie. De plus, la découverte, par pendule interposé, de la proximité de sources souterraines, l'aurait probablement amené à cette conclusion, s'il ne l'avait pas faite d'office. Dans les deux cas, il n'aurait pas poussé plus loin sa recherche pendulaire et aurait hésité quant à l'acquisition de la demeure en question, ce qui eût été dommage. Cet exemple prouve que toute recherche radiesthésique doit être menée jusqu'au bout. C'est-à-dire jusqu'à épuisement des questions secondaires. Vous pensez avoir décelé la présence d'ondes nocives ? Avec une règle graduée (voir chapitre voyance), définissez précisément ce degré de nocivité. Y a-t-il moyen de contrer ces ondes nocives ? Oui... Par quel moyen ? Changement dans l'appartement ? Changement au niveau spirituel ? Mental ? Moral ? Vous détectez la présence de sources souterraines ? Exercent-elles une influence réelle sur votre comportement ? Sur votre santé ? Existe-t-il un moyen de modifier cette influence ? Est-elle importante ?

UNE INTERROGATION SYSTÉMATIQUE ET PRÉCISE DE TOUS LES PROBLÈMES LIÉS A L'HABITAT

Des problèmes de santé liés aux lieux ne sont pas nécessairement déterminés par des courants telluriques ni les variations du réseau Hartmann. Ils peuvent, plus prosaïquement dépendre d'un problème d'adaptation à une nouvelle forme de vie.

Passons au second cas : un couple avec un enfant réside en banlieue parisienne. De nombreux troubles gynécologiques apparaissent chez la femme. Elle souffre d'un début de cancer à l'utérus qui, heureusement, est traité à temps. Le sort du mari n'est guère enviable pour autant : des mycoses, dues à un virus, et des troubles cutanés se manifestent. Quant à l'enfant de trois ans, il souffre d'une maladie de peau localisée sur le ventre, dont aucun traitement médical ne parvient à venir à bout. Praticien anarchique de la Géobiologie, il investit dans un "appareil anti-ondes-nocives" la moitié du salaire de son épouse... et ne perçoit aucun changement notable ! Appelé à la rescousse, je constate que les perturbations sont dues aux passage d'une ligne de moyenne tension à quelques mètres du toit de la maison. Il n'existe donc pas, pour le couple, d'autre solution que de déménager.

UN " PLUS ÉVIDENT" POUR LES OPÉRATIONS BOURSIÈRES

Certaines personnes supportent relativement bien les émissions d'ondes nocives, mais elles ne forment pas – loin de là –- la majorité. L'exemple ci-dessus illustre d'une part l'importance d'une interrogation systématique et précise de tous les problèmes liés à l'habitat (et pas seulement des aspects financier, professionnel et relationnel).

Comme nous l'avons vu dans le chapitre consacré à la Géobiologie et aux ondes nocives, nous ne pouvons prétendre venir à bout de toutes les formes de nocivité. Si certaines sources peuvent être aisément maîtrisées par des protections relativement simples, d'autres en revanche sont trop puissantes (c'est le cas des pylônes à haute et à moyenne tension, de certaines sources souterraines d'importance relative, de nœuds Hartmann fortement amplifiés par la présence de failles géologiques). C'est pourquoi, d'autre part, vous devez demander, avant toute chose, si la source de nuisances peut être maîtrisée avant de vous attacher aux moyens que vous mettriez en œuvre pour cela.

La radiesthésie des affaires ne concerne pas seulement les tractations immobilières, domaine sur lequel nous reviendrons ultérieurement; elle constitue un apport indéniable dans les opérations boursières.

Une cliente me demanda un jour le meilleur placement pour elle à court terme – de douze à quinze mois –. A l'époque, je lui conseillai un placement "or" à 25.000 F environ le lingot, étonnement de sa part ! Désapprobation de sa banque. J'insiste : elle place 80% de ses liquidités en "or". Résultat : neuf mois après (le temps d'un enfantement !), l'or monte, monte, monte à une vitesse prodigieuse. A 84000 F, elle vend, de peur d'une baisse rapide.

AVANT DE SIGNER UN CONTRAT, FAITES UNE RECHERCHE RADIESTHÉSIQUE, ALINÉA PAR ALINÉA, POUR EN ÉTUDIER LES POINTS FAIBLES !

Le gain réalisé par cette personne lui a permis d'acquérir la presque totalité d'une île en Méditerranée. En reconnaissance de la fortune acquise, elle met depuis gracieusement plusieurs bungalows à la disposition d'un centre régional pour enfants handicapés et défavorisés. Belle justice divine et illustration parfaite de ce que nous disions plus haut : en toutes choses, vous devez garder en vous une notion d'équilibre, d'échange. L'univers est soumis à une loi d'action et de réaction, tant au niveau de la matière que des énergies subtiles. Or l'argent est énergie, valeur. En tant que telle, elle doit circuler, celui qui reçoit donnera, celui qui donne recevra, souvent d'ailleurs bien plus par ricochets successifs que par voie directe. C'est une erreur commune de croire que nous recevons par celui auquel nous avons donné. Nous avons vu (chapitre "Dynamisez votre pensée") comment extraire le maximum de potentialités d'un contrat ou d'une lettre de candidature (voir également à ce sujet notre chapitre consacré aux pyramides) ou comment mieux définir votre salaire, votre emploi, vos capacités. Avant de signer un contrat, qu'il soit de vente, d'achat, demandez un délai de réflexion, fût-il court. Si cela n'était guère possible, sachez que vous pouvez, dans le délai d'un mois, dénoncer le contrat s'il ne vous semble pas viable.

UN CONTRAT PEUT ÊTRE VIABLE DANS L'ABSOLU, SANS QUE L'ENTREPRISE OU LE PARTICULIER SOIT EN MESURE DE L'HONORER !

Une bonne recherche radiesthésique commencera par une question clé, celle dont dépendra la suite de votre exploration pendulaire. Par exemple : "Ce contrat est-il satisfaisant

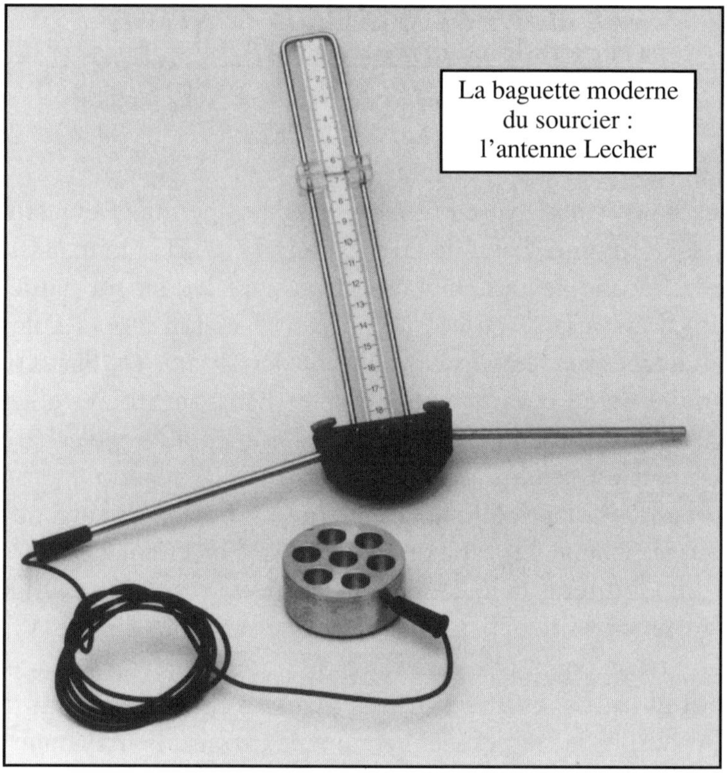

La baguette moderne du sourcier : l'antenne Lecher

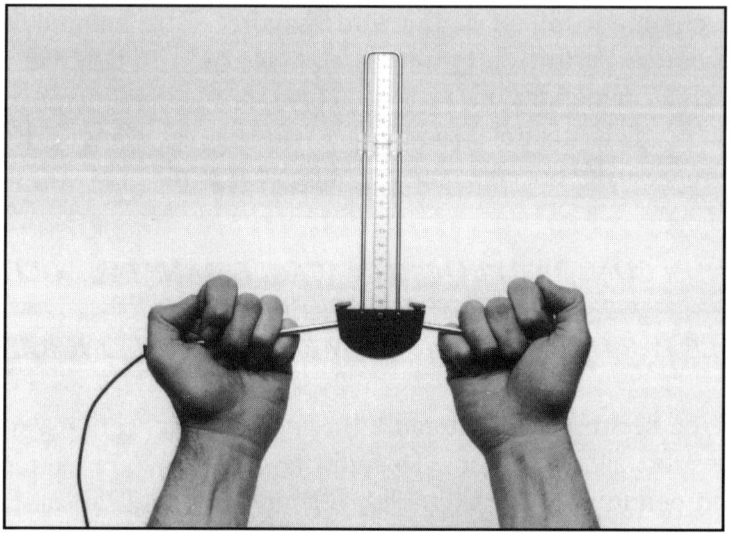

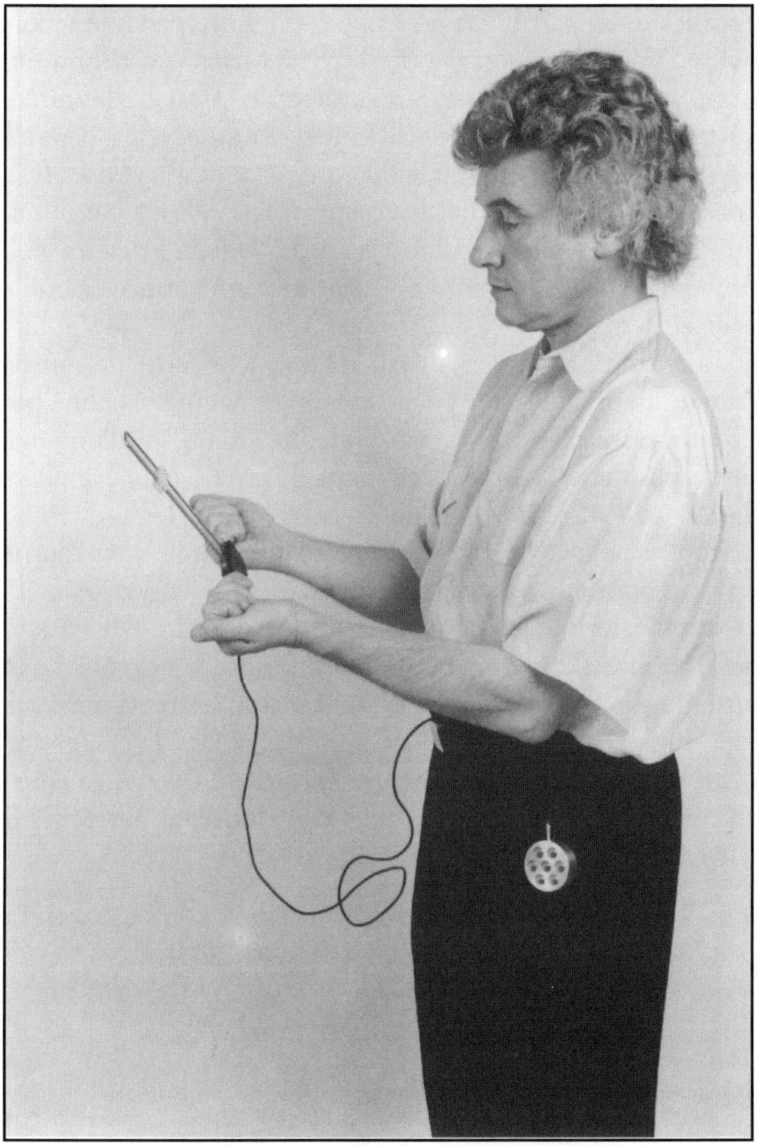

L'auteur utilisant une antenne Lecher

pour les deux parties en présence ?" Si votre pendule répond oui, ne vous contentez pas de cette réponse. "Y a-t-il possibilité d'améliorer certains détails de ce contrat ?" devra être votre question suivante. Si votre pendule répond par la négative. "Est-ce l'ensemble du contrat qui est à réviser ?". Si la réponse est encore négative, interrogez, alinéa par alinéa, puis phrase par phrase à l'intérieur de l'alinéa litigieux, pour découvrir quel est le point pouvant prêter à controverse. Il se peut également que le contrat soit viable dans l'absolu, mais que l'entreprise (ou le particulier) qu'il concerne ne soit pas en mesure de l'honorer ! Vous ne devez négliger aucune possibilité avant d'apposer votre signature. S'il s'agit d'une maison, nous avons vu précédemment de quelle manière procéder. Pour l'installation d'un cabinet, outre les recherches indiquées pour le domaine de l'habitat, vos questions tourneront autour de la vie professionnelle. Est-ce le bon moment, la bonne période pour vous installer ? Existe-t-il dans ce quartier une clientèle potentielle suffisante pour rentrer dans un délai de x (à vous de définir ce chiffre) mois dans mes frais d'installation ? L'emplacement des objets, la couleur des peintures, les caractères de votre enseigne doivent également entrer en ligne de compte. Elles contribueront au succès de votre cabinet.

RECHERCHE RADIESTHESIQUE DU LIEU D'HABITATION...POUR MIEUX CIBLER VOTRE DÉMÉNAGEMENT

Si vous envisagez un déménagement, et désirez connaître l'environnement le plus propice à votre épanouissement, vous pouvez procéder de deux manières. Pour la première, munissez-vous d'un plan (de Paris, de la banlieue parisienne ou de votre région). Vous devrez auparavant prendre garde d'établir votre convention mentale. Par exemple, "mon pendule girera vers la droite à proximité du lieu ou je dois m'établir "ou encore" plus mon pendule girera vers la droite, plus le lieu contribuera à mon épanouissement". En ce cas, vous éliminerez d'office les régions au-dessus desquelles votre pendule oscillera vers la gauche. S'il s'agit précisément de celle dans laquelle vous désirez vous établir, demandez confirmation (ou infirmation)au pendule de ce que vous avez découvert. Une fois que vous aurez mieux cerné le secteur, explorez radiesthésiquement chaque ville. Si la région concernée en comporte beaucoup, procédez par élimination alphabétique. Commence-t-elle par une des cinq premières lettres de l'alphabet ? Si oui, explorez ces cinq lettres. Il se peut que vous obteniez, au terme de votre recherche, plusieurs noms de villes ou plusieurs régions. Celles au-dessus desquelles votre pendule ne gire pas ou très faiblement sont des régions dans lesquelles vous pouvez "éventuellement" vous installer, sans pour autant qu'elles viennent en tête de liste.

SI L'UNE DES RÉGIONS RETENUES RÉPOND POSITIVEMENT A TOUTES VOS RECHERCHES, C'EST CELLE QUE VOUS DEVREZ CHOISIR EN PRIORITÉ !

Si le fruit de votre recherche est multiple, questionnez sur les divers éléments en présence, en n'oubliant aucun aspect. "M'installer ici serait-il bénéfique du point de vue professionnel ? Relationnel ? Social ? Personnel ? Spirituel ? Budgétaire (une situation peut vous sembler bénéfique au niveau professionnel mais comporter des frais annexes importants) ? Créatif ? Émotionnel ?" Si l'une des régions retenues répond affirmativement à toutes ces questions, ce sera probablement celle que vous devrez choisir en priorité. Il se peut que celle-ci ne présente pas de débouchés au niveau du logement. Élargissez de nouveau votre recherche à la région tout d'abord, puis aux régions annexes si cela s'avère nécessaire. Une autre méthode consiste à demander, au-dessus de chaque région (en commençant bien sûr par celles dans lesquelles – ou laquelle – vous souhaitez a priori vous installer), si cette dernière répondrait à votre attente. Il se peut également que vous soyez à la retraite, auquel cas la question professionnelle ne jouera pas.

Par contre, vous devrez envisager sérieusement les aspects relationnels et familiaux. Appliquez ces différents critères à la question du lieu : mer, montagne, campagne. Une fois défini votre cercle, vous pourrez partir à la recherche, dans l'espace ainsi défini, de la région dans laquelle se situera votre future demeure.

QUEL PRIX DEVEZ-VOUS METTRE DANS VOTRE ACHAT ?

Vous pouvez également étudier la question financière. Combien devez-vous investir dans cette demeure ? A quel prix pourrez-vous la trouver ? Procédez par tranche, en commençant par le seuil minimum. Lorsque vous aurez réuni tous ces éléments, vous pourrez mieux cibler votre recherche, qui gagnera beaucoup en efficacité ! Le pendule vous évitera une perte de temps (et d'argent) considérable.

Vous êtes commerçant et souhaitez vous porter acquéreur d'une nouvelle boutique ou rénover l'ancienne ? Quel prix devez-vous mettre pour que l'affaire soit viable pour vous et pour le vendeur ? Quels objets disposer à l'intérieur de votre boutique ? En quelle couleur peindre votre enseigne et que doit- elle représenter pour que votre potentiel de vente soit à son maximum ?

Vous devrez d'autre part effectuer une recherche similaire à celle vue plus haut dans le cadre de l'ouverture d'un cabinet. Chaque élément contribuant à la réussite de votre magasin doit être étudié de près. Vous hésitez entre différents styles de commerce. Examinez-les un à un.

UN COMMERCE DONT LA CHARGE ENCOMBRE SON PROPRIÉTAIRE OU SON GÉRANT AURA UNE NETTE TENDANCE A PÉRICLITER !

Ne vous bornez pas au seul critère économique et envisagez la question de votre épanouissement personnel à travers ce commerce. "Si tu veux être heureux un an, dit un proverbe, gagne au loto. Si tu veux être heureux toute ta vie, fais ce que tu aimes". Votre travail doit être outil d'épanouissement. Un commerce dont la charge encombre son propriétaire ou son gérant aura une nette tendance à péricliter.

Vous êtes dans la publicité ? La radiesthésie peut vous être d'un grand secours. Vous venez de trouver un slogan. Vous désirez savoir ce qu'il vaut en tant qu'argument commercial. En premier lieu vous devez débarrasser votre esprit d'a priori négatifs et de questions bateaux à l'imprécision majeure, du style "Ce slogan est-il bon ?" Bon peut-être, encore s'agit-il de savoir de quel point de vue ? "Les sanglots longs des violons de l'automne bercent mon cœur d'une langueur monotone" sont certes d'excellents vers, mais je doute qu'ils fassent un bon argument commercial... encore qu'ils firent beaucoup pour la promotion du Débarquement !

COMMENT TROUVER LE BON ARGUMENT DE PUBLICITÉ OU DE PROMOTION GRÂCE A UNE RECHERCHE RADIESTHÉSIQUE

Votre premier soin sera donc de poser correctement la question. "Ce slogan constitue-t-il un bon argument commercial ?" est un exemple de fausse bonne question. Pourquoi ? Parce qu'il y a bon nombre d'éléments que vous ne prenez pas en compte. Le slogan peut constituer, dans l'absolu, un bon argument commercial... mais être totalement inadapté au produit qu'il représente, ou ne pas être jugé tel par votre commanditaire ! Doit-on pour autant demander si le slogan est représentatif du produit qu'il représente ? Pas davantage, car il peut l'être sans être bon. Comme on le voit, poser la bonne question est tout un art. Un exemple de question adéquate nous semble être, au vu de ce qui précède "Ce slogan, dans l'absolu, est-il un bon argument commercial pour le produit qu'il représente ?". Pourquoi dans l'absolu ? Parce que vous devez tenir compte de tous les éléments en présence. "Sera-t-il perçu par x (votre commanditaire) comme un bon argument commercial pour son produit ?" . Cette exploration est, aussi paradoxal que cela puisse paraître, à mener même si votre pendule répond, dans le premier cas, par la négative. Ceux qui commanditent les campagnes ne sont pas à l'abri en effet d'une erreur d'appréciation dans laquelle ils peuvent s'entêter.

RECHERCHEZ CE QUI POURRAIT ÊTRE AMÉLIORÉ DANS LE PRODUIT QUE VOUS REPRÉSENTEZ

Certains croiront malin de proposer un projet publicitaire qu'ils savent sans valeur commerciale, mais qui sera perçu comme dynamisant par le commanditaire. Ce type d'attitudes n'est guère payant sur le long terme.

Si nous vous suggérons de poser la question, c'est que votre slogan devra réunir les deux conditions pour retenir votre attention. Encore faut-il que le produit soit réellement compétitif. "Ce produit, dans l'absolu, est-il compétitif sur le marché ?" . Cela ne signifie pas non plus qu'il ne puisse le devenir. Recherchez ce qui pourrait être amélioré dans le produit, qu'il s'agisse de l'emballage ou des composants du produit. Si votre patron est réceptif à ce type de remarques (ce que vous pouvez également déterminer au pendule), suggérez-lui habilement ce que vous avez découvert... sans lui dire, bien sûr, que votre découverte résulte d'une recherche radiesthésique ! Si ce produit est le vôtre, cela, bien sûr, facilitera la tâche et vous permettra d'effectuer les améliorations qui s'imposent . Si à vos deux premières questions, le pendule répond par la négative, n'en concluez pas hâtivement que votre slogan est mauvais dans son ensemble, mais examinez attentivement chaque phrase qui le compose.

ÉNUMÉREZ LES QUALITÉS QUE VOUS SEMBLE POSSÉDER LE PRODUIT REPRÉSENTÉ

"Cette phrase doit-elle être gardée dans l'optique d'un impact commercial du produit ?" A partir des éléments retenus, vous pourrez reconstituer autrement votre slogan, éliminant ou modifiant totalement les éléments litigieux.

Avant la création d'un slogan, vous pourrez procéder ainsi. Énumérez les qualités que vous semble posséder le produit. Cela peut aller du nom (ce qui engendra des slogans tels "Lapeyre, y'en a pas deux" ou "Mammouth écrase les prix" ou encore "Minimir, miniprix, mais il fait le maximum ") aux qualités intrinsèques du produit, en passant par son faible coût (la campagne Eram).

Une fois établie cette liste, qui devra être la plus exhaustive possible, déterminez au pendule les arguments que vous devrez mettre en avant. Vous pouvez également utiliser une règle graduée pour établir en termes de pourcentage les chances de réussite liées à votre slogan, les possibilités d'acceptation du dit slogan, etc.

Évidemment, cet exercice ne s'applique pas qu'aux seuls publicitaires, mais à toute personne désireuse de vendre un produit, quel qu'il soit, qu'il s'agisse d'affaires immobilières, d'actions boursières ou des produits d'un magasin.

COMMENT ÉVITER LES QUESTIONS QUI VOUS FERAIENT PERDRE DE L'ARGENT

Si vous êtes actionnaire ou désirez le devenir, comme nous l'avons signalé plus haut, mieux vaut connaître quelque peu les arcanes de la bourse et ses aléas. Vous pourriez être tenté de demander, parmi un certain nombre de titres, quelle est l'action la plus porteuse. Abstenez-vous. C'est précisément le genre de questions qui vous ferait perdre de l'argent, car le pendule ne vous indiquerait que l'action la plus porteuse de celles représentées. Si vos connaissances en bourse sont limitées, vous pouvez avoir disposé des actions toutes invariablement déficitaires. En ce cas, vous vous retrouverez en présence de celle qui perdra le moins d'argent, ce qui n'est déjà pas si mal. Vous devrez d'abord, avant toute recherche, savoir si vous souhaitez une rentabilité à court, moyen ou long terme. Tout dépendra des sommes que vous êtes susceptible d'investir pour mener à bien votre opération. Vous pouvez bien sûr interroger successivement sur les trois termes, en prenant soin toutefois de définir ce que chacune de ces affirmations recouvre. Long terme peut, pour telle personne, signifier trois ans et pour telle autre six mois.

EN COMBIEN DE TEMPS CETTE ACTION PEUT-ELLE ME RAPPORTER X FOIS SON INVESTISSEMENT ?

Pour la même raison, il sera absurde de demander : "Cette action est-elle rentable ?" Car les voies de la Bourse et des fluctuations sont quasi impénétrables. Telle action peut chuter spectaculairement et être revendue avec bénéfice trois ans plus tard. Là encore, vous pouvez avoir recours à une règle graduée, mais elle sera légèrement différente de celle utilisée pour la médiumnité et les calculs de probabilité. Ici, ce n'est pas des pourcentages que vous indiquerez, mais des dates. Procédez par tranche de six mois, en commençant votre graduation à un mois, jusqu'à trois ans. Balancez votre pendule de gauche à droite, puis laissez-le suivre son cours. La question posée sera "En combien de temps cette action peut-elle me rapporter x fois son investissement ?" Naturellement, vous aurez auparavant cerné votre sujet afin d'établir le rapport potentiel de la dite action. Au bout d'un moment, votre pendule s'arrêtera et commencera à osciller vers la droite. Notez le niveau auquel cette manifestation se produit.Votre recherche peut porter sur une seule action. Mais vous pouvez également hésiter dans votre choix.

A QUELLE PÉRIODE REVENDRE VOS ACTIONS AVEC LE PLUS DE PROFIT ?

En premier lieu, demandez si vous êtes actuellement en mesure d'investir dans des actions boursières. Si le pendule répond par la négative, n'insistez pas et renouvelez votre question une semaine après. Peut-être ce jour-là manquiez-vous de discernement pour opérer en radiesthésie, ou vos finances se trouveraient-elles gravement lésées par cette opération ? Recherchez d'abord le domaine dans lequel vous devez opérer. Cernez les différents secteurs d'activités et matières (textiles, or, caoutchouc, etc, etc.). Soit au moyen d'une règle graduée, assez large (une double copie grand format par exemple) sur laquelle vous aurez indiqué chacune des possibilités qui vous vient à l'esprit. Vous pouvez aussi ne retenir qu'un certain nombre de possibilités, ceux qui vous semblent viables. Si une recherche radiesthésique vous démontre qu'ils ne le sont pas dans la conjoncture actuelle, il ne vous restera plus qu'à utiliser une seconde règle radiesthésique, soit par réponse binaire. Une fois fixé le domaine sur lequel doit porter votre recherche, recherchez les actions qui s'y réfèrent. N'oubliez pas, bien sûr, de questionner votre pendule quant à la période la plus favorable pour revendre vos actions avec le maximum de profit.

N'EXPÉRIMENTEZ SUR AUTRUI QU'APRÈS AVOIR LONGUEMENT TESTÉ SUR VOUS-MÊME... L'ARGENT EST UN SUJET SUR LEQUEL ON NE PLAISANTE PAS !

Toutes les recherches radiesthésiques que nous venons de décrire peuvent s'effectuer en présence d'un témoin : action, sigle de la société, témoin-papier, etc.... Vous pouvez également vous adjoindre le "coup de pouce" de la pyramide ou du dodécaèdre. Un conseil toutefois : n'expérimentez ce type de spéculations sur autrui qu'après l'avoir longuement testé sur vous-même. Un mauvais conseil, par manque de maturité et de maîtrise de votre instrument d'investigation, pourrait vous attirer des haines tenaces. L'argent est un sujet avec lequel on ne plaisante pas !

CHAPITRE DOUZE

LA RADIESTHÉSIE "SPIRITUELLE"

LE RÔLE DU PENDULE N'EST PAS ESSENTIELLEMENT DE RÉPONDRE A NOS PRÉOCCUPATIONS LES PLUS MATÉRIELLES

Ce n'est guère un hasard si la majorité des grands radiesthésistes appartenaient au corps ecclésiastique, à commencer par mon maître le Révérend Père Jurion, sans lequel ces pages n'auraient pu être écrites. Ce n'en est pas un non plus si cet art fut découvert par une civilisation hautement spirituelle, à savoir l'Égypte antique. De même que la Pyramide n'est pas uniquement destinée à affûter les lames de rasoir ou à momifier les steaks, le rôle du pendule n'est pas essentiellement de répondre à nos préoccupations les plus matérielles, et quelquefois les plus triviales. Bien entendu, il peut également servir à cet usage. Les observateurs furent frappés de ce que dans les tribus indiennes, la notion d'art n'existe pas. De fait, il n'y avait pas de barrière fondamentale entre l'objet utile, sa portée spirituelle et sa portée esthétique, en corrélation avec la seconde. Ces notions formaient un tout. De même, loin de nous l'idée de différencier spirituel et matériel, en une césure nette et brutale. Cependant, nos modernes civilisations ont pour coutume étrange de les séparer et un usage trop matérialiste du pendule tendrait à nous faire oublier son autre aspect, plus spirituel. C'est pourquoi il nous a semblé important de réserver un chapitre à cette perspective, pour laquelle le pendule offre des possibilités multiples.

DEVEZ-VOUS CONTINUER VOTRE CHEMIN SPIRITUEL EN SOLITAIRE OU ÊTES-VOUS MÛR POUR UN "TRAVAIL DE GROUPE" ?

La radiesthésie, comme nous l'avons vu, nous permet de développer notre cerveau droit, en corrélation avec notre cerveau gauche, nous permettant de faire marcher de pair, main dans la main pourrions-nous dire, réflexion et intuition. Vous entreprenez une quête spirituelle mais ne savez pas comment vous y prendre.

Devez-vous continuer votre chemin en solitaire ou vous diriger vers un maître, une association, et surtout, de quel type, de quelle tradition ? Dans la forêt des enseignements divers, vous vous y perdez un peu. Comme pour toute entreprise, il convient de poser des questions claires. Pour cela, il suffit de prendre la question de base, celle de laquelle découlera toutes les autres et de remonter peu à peu vers le sommet de la pyramide. Votre question ne devra en aucun cas être d'ordre général.

Ce qu'il vous faut avant tout, c'est remonter à la source et découvrir la question initiale. Interroger d'office sur la nécessité d'entrer dans telle ou telle association (Franc-Maçonnerie, Rose + Croix, groupe zen, groupe de prières, voire parfois association de type caritatif), c'est prendre le problème à l'envers et commencer par la fin du programme, l'aboutissement éventuel.

La première question qu'il nous semble intéressant de poser est "Dois-je continuer pour le moment mon chemin évolutif en solitaire ?". Si le pendule vous répond par l'affirmative, c'est qu'actuellement, il s'agit pour vous de la meilleure (ou de la seule) voie possible. Vous n'êtes pas mûr pour effectuer un travail collectif. A moins que celui-ci ne vous soit d'aucune utilité, même dans l'avenir.

TOUS LES GROUPEMENTS ASSOCIATIFS OU COMMUNAUTÉS SPIRITUELLES NE SONT PAS DES SECTES, LOIN S'EN FAUT !

Chemin en solitaire ne signifie pas que d'autres personnes ne vous aident pas dans la voie que vous vous êtes choisie, ou du moins que vous aspirez fortement à choisir, mais qu'un travail au sein d'une communauté, quelle qu'en soit la nature, ne vous serait d'aucun bénéfice (nous ne faisons ici pas l'éloge ou le prosélytisme des sectes mais, quoi qu'en pense le Sénateur Vivien, tous les groupements associatifs ou communautés spirituelles ne sont pas des sectes, loin s'en faut... heureusement !). Donc, quelle que soit la réponse à votre question, vous poursuivrez votre investigation. Sans compter que certaines disciplines spirituelles peuvent s'effectuer en solitaire, en un large éventail allant de la sophrologie au yoga...

"Une relation amoureuse ou amicale pourrait-elle m'aider dans mon évolution ?" Si le pendule répond oui, demandez de préciser s'il s'agit d'amour ou d'amitié. Vous pouvez également explorer la question professionnelle, en relation avec la spiritualité. "Mon travail actuel aide-t-il, dans quelque sens que ce soit, mon évolution spirituelle ?", "La gêne-t-il ?" Il se peut que le pendule réponde non dans ces deux cas. Cela signifie simplement que votre profession est un domaine réservé, qui n'entache ni ne fait progresser votre vie spirituelle, et remplit sa simple et bête fonction d'assumer votre vie matérielle.

VOTRE RÉALISATION SPIRITUELLE NE DOIT PAS NÉCESSAIREMENT S'EFFECTUER AU DÉTRIMENT DE VOTRE VIE MATÉRIELLE !

Vous pouvez aller plus loin en demandant s'il existe une profession qui favoriserait votre évolution spirituelle. Cette question touchera particulièrement ceux et celles qui désirent embrasser une profession artistique, voire s'installer en cabinet, qu'il s'agisse de radiesthésie, de magnétisme, de voyance, de psychothérapie ou d'une médecine alternative, et qui hésitent. Cela ne veut pas dire pour autant qu'une fois cette question résolue, vous deviez vous lancer à corps perdu dans votre nouvelle vocation. Il vous faudra auparavant cerner tous les aspects du problème. Votre vie spirituelle ne doit pas s'effectuer au détriment de votre vie matérielle, à moins bien sûr qu'il ne s'agisse d'un choix conscient et délibéré, dont vous êtes prêt à assumer toutes les conséquences.

Si à la question de votre progression en solitaire (à laquelle il vous faudra d'ailleurs revenir plus tard, car vos conceptions et vos aptitudes sont susceptibles de se modifier), si à cette question disions-nous, le pendule répond par la négative, vous devrez chercher dans quelle voie vous devez vous engager. Vous pouvez pour cela utiliser des témoins-papiers ou des objets représentant les diverses traditions.

ON PEUT TRÈS BIEN APPARTENIR A UN GROUPE DE PRIÈRES ET PRATIQUER LE YOGA ET LE TAI CHI CHUAN

Vous utiliserez quatre papiers "Occidental", "Oriental", "Mixte", "Autre". Ce dernier domaine est relatif au domaine paramédical d'une part et aux pratiques atypiques de l'autre. Qu'entendre par atypiques ? Tout simplement n'entrant pas dans le cadre d'une tradition. C'est le cas de la voyance, du magnétisme, de la radiesthésie, mais également des diverses formes de psychothérapie : bio-énergie, *rebirth*, intégration posturale, méthode Fendenkraïs, techniques inspirées des travaux de Berne, psychologie transpersonnelle, psychothérapie, psychanalyse, etc, etc.. Le domaine du "mixte" peut concerner une pratique qui relève des deux traditions (orientale et occidentale) et les réconcilie en une unité retrouvée, mais aussi la pratique de plusieurs disciplines appartenant chacune à une tradition différente. On peut très bien, par exemple, appartenir à un groupe de prière, ou à la Franc-Maçonnerie et pratiquer le yoga et le taï chi chuan. Pour cette même raison, votre pendule, à la question "M'orienter vers ce type de tradition serait-il bénéfique à mon évolution spirituelle ?" peut répondre plusieurs fois oui. Vous poursuivrez donc par la question "Ce type de tradition serait-il plus bénéfique à mon évolution que les autres ?". Si la giration positive est faible, c'est probablement que vous devrez poursuivre dans plusieurs voies différentes pour un meilleur "rendement" de votre potentiel humain. Si elle est forte, c'est que vous vous trouvez en présence de votre voie principale.

DEUX MÉTHODES DIFFÉRENTES D'INVESTIGATION DEMEURENT POSSIBLES...

Précisons qu'il existe deux méthodes pour une telle recherche. La première est d'interroger chacune des quatre possibilités une à une, en présence de témoins (objets, papiers) ou non. Le mouvement s'effectuera alors de gauche à droite et de droite à gauche. Il sera de type giratoire. La deuxième méthode nécessite la présence de témoins. Elle consiste à imprimer un mouvement initial transversal, en largeur, vers la droite, à quelques centimètres des témoins. La convention mentale sera "Mon pendule s'arrêtera au-dessus du type de traditions le plus bénéfique pour moi" . Cette méthode peut permettre d'obtenir des résultats plus que satisfaisants, à condition de posséder une bonne maîtrise initiale du pendule et de ses mouvements. Elle ne conviendra pas aux débutants. A présent que vous avez défini le type de tradition vers lequel il serait bénéfique que vous vous orientiez, encore faut-il déterminer, à l'intérieur de ce domaine, quelle méthode de travail vous devriez adopter. Nous mettons volontairement le verbe "devoir" au conditionnel, car rien ne vous force à adhérer, du moins dans l'immédiat, à la voie que vous trace le pendule. Peut-être avez-vous besoin de vous accorder encore le temps de réfléchir avant de tenter "le grand saut" .

VOTRE FINALITÉ SPIRITUELLE N'EST PAS FORCÉMENT REPRÉSENTATIVE DE VOTRE CHOIX IMMÉDIAT...

Si la voie qui, dans l'absolu, vous permettrait d'accroître vos possibilités d'évolution spirituelle et de progression dans une meilleure connaissance de vous-même et de vos potentialités est de tradition occidentale, vous poserez la question suivante : "Dans l'absolu, ma voie est-elle liée à la religion ?" . Pourquoi dans l'absolu, direz-vous ? Tout simplement parce qu'une finalité n'est pas nécessairement représentative de votre choix immédiat. Si le pendule répond "oui", interrogez plus avant : "Ai-je la possibilité d'emprunter cette voie dès maintenant ?" ou "Dois-je me diriger dès à présent vers une voie de type religieux ?" . Si le pendule répond non, explorez les autres possibilités, celles qui constitueront les prémices de votre future voie. S'il répond positivement, votre investigation radiesthésique portera d'abord sur la tradition religieuse en question. Est-elle juive ? catholique ? protestante ? gnostique ? paganiste ? orientée vers la Wicca ? orthodoxe ? S'agit-il d'une église dissidente ? De la branche religieuse d'une société secrète (certaines loges Maçonniques et Rose Croix, notamment, donnent une place prépondérante à la vocation religieuse).

LES RELIGIONS ORIENTALES MÈNENT, EN OCCIDENT, VITE AUX SECTES... MAIS CERTAINES PRATIQUES PEUVENT VOUS AIDER DANS VOTRE QUÊTE !

Ne vous arrêtez pas à votre religion d'origine, qui pourrait, a priori, constituer un obstacle. René Guénon, de tradition chrétienne, n'a-t-il pas fondé une église gnostique ? examinez les différentes perspectives que vous ouvre cette voie :magnétisme spirituel, retraite provisoire dans un monastère, vie ecclésiastique (si cela fait partie de votre volonté), groupe de prières, pèlerinages, etc. Si votre voie n'est pas de type religieux (ce qui constitue la plupart des cas), les traditions de type non religieux sont nombreuses. Renseignez-vous à ce sujet avant d'entreprendre une recherche plus poussée, à moins que vous n'ayez déjà une idée derrière la tête quant au type d'initiation que vous souhaitez vivre et que le pendule ne vous serve qu'à vous confirmer dans un choix pour lequel vous hésitez encore et face auquel vous demeurez perplexe.

S'il s'agit d'une tradition de type oriental, il demeure peu probable que le pendule vous guide vers une tradition empreinte de religiosité. En Occident, ce type de spiritualité s'apparente plutôt aux sectes genre Krishna ou autre, à moins qu'il ne s'agisse d'une tradition "mixte". Pourquoi ? Parce que la recherche d'un "guru" n'est pas compatible avec le "bizeness" à l'occidentale et que la tentation est trop forte de sombrer dans de telles extrémités. A moins que votre motivation ne soit suffisante pour vous rendre, tels les anciens hippies, sur place, par exemple en Inde. Mais là encore, vous devrez faire preuve de circonspection, d'écoute et d'intuition pour rencontrer la bonne personne, dont vous pourrez en ce cas cerner les principales caractéristiques au pendule. En revanche, les philosophies et disciplines orientales peuvent nous être extrêmement profitables, à commencer par les différentes formes de yoga ou la philosophie zen.

RARES SONT LES PERSONNES MOTIVÉES PAR LES RITES AFRICAINS OU VAUDOUS ET SUSCEPTIBLES D'Y TROUVER UN ÉPANOUISSEMENT SPIRITUEL

Précisons, pour ceux qui l'ignoreraient encore, que le bouddhisme n'est pas une religion, mais une philosophie de vie, ce qui n'empêche pas certains groupements bouddhistes de se tourner ostensiblement vers la religion, ce qui constitue, d'une certaine manière une déviation. Si vous êtes attiré par un type de philosophie particulier, vous devrez arriver "armé" pour en connaître les diverses orientations et les explorer radiesthésiquement parlant. Si vous aboutissez à la rubrique "autres", demandez en premier lieu s'il s'agit d'autres continents. Certains pourront s'épanouir, par exemple, à travers des rites africains, voire à travers le vaudou haïtien ou des rites océaniens. Mais nous devons toutefois préciser que ce genre d'adéquations entre une tradition à mille lieues de notre culture et de nos modes de pensées est relativement rare.

Si Mme Blavatsky* a remis, depuis un siècle, l'Orient et ses philosophies au goût du jour, il n'en est pas de même des autres cultures. Ce qui n'empêche pas que certaines personnes ressentent une attirance particulière pour l'Afrique et ses doctrines animistes. En revanche, de plus en plus nombreuses sont les personnes qui se tournent vers les techniques chamaniques amérindiennes, même si cette voie est généralement explorée en parallèle avec d'autres types d'initiations. S'il ne s'agit pas d'autres continents, il s'agit nécessairement d'un autre style de discipline et d'initiation. Recherchez les domaines auxquels répond en premier lieu votre sensibilité.

* Fondation de la *Société théosophique*.

DES RECHERCHES QUI PEUVENT VOUS FAIRE GAGNER BEAUCOUP DE TEMPS... ET VOUS ÉVITER DE PERDRE DE L'ARGENT !

Ce n'est qu'après une telle exploration qu'interviennent des questions de personnes et d'obédience particulière. Il est inutile par exemple de vous tourner vers une philosophie hindoue, si votre épanouissement ne dépend pas de la voie orientale. Ce type de recherches radiesthésiques vous aura pour le moins évité une perte sèche financière. Certains indécis n'hésitent pas, en effet, à utiliser la majeure partie de leur argent, à multiplier les stages de toutes obédiences, sans savoir exactement dans quelle direction orienter leur quête. Si le pendule vous préconise une voie en solitaire, celle-ci pourra également se concrétiser sous forme de séminaires sporadiques, mais aussi de lectures et d'expériences personnelles. Si vous entrez dans le domaine du "mixte", interrogez votre pendule pour savoir s'il s'agit d'une discipline qui unit plusieurs types de pratiques ou de tradition, de la pratique de disciplines différentes, d'une synthèse obtenue par l'expérience personnelle... S'agit-il d'un mélange entre une (ou plusieurs) traditions occidentales et orientales ? Orientales et "autres" ? Occidentales et "autres" ? Entre plusieurs traditions autres qu'orientales et occidentales ? Entre plusieurs traditions orientales ?, etc.

UNE AIDE MAJEURE POUR LES "APPRENTIS SPIRITES" ET LES FANS D'ÉCRITURE AUTOMATIQUE

La radiesthésie, au niveau spirituel (bien qu'à notre avis, cette discipline n'appartienne que de manière très lointaine au champ d'action de la spiritualité) est susceptible d'éviter bon nombre d'inconvénients aux apprentis spirites. On sait en effet qu'une séance de spiritisme mal maîtrisée peut absorber l'énergie du médium sans pour autant provoquer le résultat escompté. L'évocation des disparus ne doit pas se faire à n'importe quel moment. Encore faut-il savoir si nous sommes en mesure d'établir la fréquence à l'instant de la séance avec la personne désirée. De même, il convient d'établir si notre désir d'entrer en contact avec un désincarné est partagé par ce désincarné, faute de quoi nous devons nous attendre à des résultats plutôt violents, ou d'entrer en contact avec une entité errant dans l'astral, contact qui ne nous sera pas nécessairement bénéfique. “Le moment est-il bien choisi pour tenter d'établir un contact avec l'esprit de X ?” “Le guéridon est-il le meilleur moyen d'entrer en contact avec cet esprit ?” “Dois-je utiliser le oui ja ?” “L'écriture automatique ?”, “Dois-je attendre que cette personne me contacte à travers les rêves ?” , “Suis-je moi-même dans un état de réceptivité satisfaisant pour établir le contact ?” Ce sont là quelques-unes des questions préalables que vous devez vous poser avant d'entreprendre une séance. Si vous avez recours à ce qu'on nomme l'écriture automatique, cet arsenal de questions est essentiel. En ce domaine, le risque de “décrochage” est gros et l'on s'expose à des sensations pour le moins désagréables, qui vont de la crampe généralisée à la tétanie, en passant par des accélérations du pouls et du rythme cardiaque.

LA PRATIQUE DE L'ÉCRITURE AUTOMATIQUE PEUT NÉCESSITER UNE PROTECTION

On devra en outre évoquer la question d'une protection éventuelle, qui pourra être de plusieurs ordres : appel à un guide spirituel (généralement un grand maître décédé ou une personne à fort potentiel spirituel que nous avons connu au cours de notre existence présente. Ce type de contact de haut vol est généralement appelé “chanelling”), cercle tracé à la craie ou constitué de gros sel autour de la table où est posée votre feuille, ainsi que de la chaise sur laquelle vous êtes assis. Ce peut également être un talisman, parchemin destiné à cet usage spécifique ou pierre protectrice. Une fois toutes ces précautions prises et leur nature définie, il y a peu de chances que vous effectuiez de "mauvaises rencontres" sur le plan astral.

Ce genre de remarques et de recherches sont également valables, d'ailleurs, en ce qui concerne le dédoublement et le voyage astral, domaine dans lequel trop de gens se lancent à cœur perdu sans aucune sorte de précautions, s'exposant à des retours brutaux dans leur corps physique ou à des troubles, soit physiques, soit dans leur univers quotidien, dus à un manque de préparation évident.

"CHANELLING", SAINTS OU ENTITES... ON N'EST JAMAIS ASSEZ PRUDENT !

Posez votre question en présence d'un témoin-photo, que vous tiendrez dans la main gauche et au-dessus duquel vous passerez votre pendule. Cependant l'écriture automatique ne concerne pas seulement le contact avec nos chers disparus. Ainsi que nous l'avons évoqué, elle peut concerner le chanelling et, à un niveau plus haut, un saint ou une entité. Dans ces deux cas, une exploration radiesthésique spirituelle est un devoir envers nous-mêmes.

Il ne faut pas oublier que, bénéfiques ou non, ces forces sont d'une puissance telle qu'elles peuvent totalement déséquilibrer nos énergies et nous désorienter. Ce n'est certes pas le genre d'exercices que l'on peut pratiquer à la légère. Un autre usage de l'écriture automatique est de nous mettre en contact avec notre propre inconscient, dans toute sa richesse. Elle peut, dans cette optique, nous permettre, de développer notre créativité et nos dons parapsychiques, spécialement en ce qui concerne la voyance.

ÉVITER LE PARASITAGE

Vous devrez préalablement vous assurer de ne connaître aucun parasitage. En ce sens, le pendule vous sera d'un très grand secours. Nous nous sommes penchés plus amplement sur les projections mentales que permet la radiesthésie dans les chapitres relatifs à l'énergie des pyramides et à la dynamisation grâce au pendule. Quant à la voyance, elle fait l'objet d'un chapitre particulier de cet ouvrage, tant ce domaine est riche en possibilités.

CONCLUSION

La négation sans expérimentation n'est pas une attitude scientifique. Certains, parmi les sceptiques, nient systématiquement la réalité des résultats obtenus par les radiesthésistes y compris par les ecclésiastiques et les religieux de tous les courants spirituels.

Des expériences objectives vécues en Angleterre m'ont démontré que des biologistes, des neurologues et des psychologues associés pouvaient soulever le voile du "mystère" radiesthésique. Certes, il y a des charlatans qui "secouent" et "jouent" du pendule, mais pas plus que dans d'autres professions très honorables, quelques imprudents ou illuminés aussi ; ils disparaissent vite de notre paysage sans faire de dégâts. Mais il ne faut pas nier le phénomène ni les services qu'il peut rendre dans de nombreux domaines.

Ce livre a pour but d'attirer les personnes de bonne volonté vers ce noble art. S'il y est parvenu, il est certain qu'il contribuera - modestement - à ce que le XXIe siècle soit spirituel.

Revue et corrigée par la 2e édition - Printemps 1995

DU MEME AUTEUR

Le Miracle de vos mains (livre et cassette)
Le Miracle du pendule (livre et cassette)
A la recherche du Maître, voyage astral guidé (cassette)
Cours de magnétisme en douze cassettes corrigées

Pour tous les renseignements concernant les consultations, cours, stages, conférences et enseignement de l'auteur, écrire : Jean-Claude Secondé - 3 rue d'Artois - 75008 Paris Tél. : (1) 60-20-18-48 (1) 42 25 44 65

TABLE DES MATIERES

LES LIVRES UTILES

NOUVEAU GUIDE PRATIQUE DE RADIESTHESIE

Auteur : Yvon Lavalou

L'auteur explique que, si la radiesthésie fait appel à un certain magnétisme, chacun de nous peut le développer facilement. On ne compte plus les boursicoteurs, joueurs, guérisseurs et autres chercheurs qui ont fait de leur pendule un véritable "décideur". Des exercices pratiques et des tests simples, il vous fait progresser rapidement.

Prix : 90 F

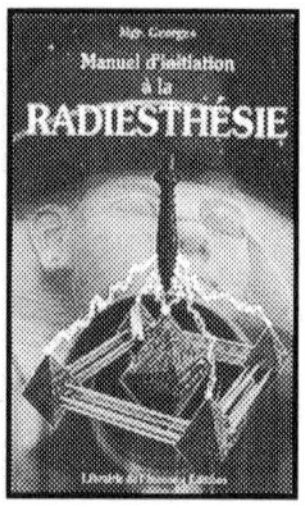

MANUEL D'INITIATION A LA RADIESTHESIE

Auteur : Mgr Georges

Ce manuel a pour but précis de vous initier aux différents mouvements du pendule et de vous amener très vite à pratiquer la radiesthésie. Il vous donne l'occasion de choisir le pendule qui vous sera le plus favorable pour pratiquer avec efficacité. Facile d'accès, il vous permettra d'accéder à tous les domaines concernant la radiesthésie. Avec de nombreuses cartes pendulaires.

Prix : 95 F

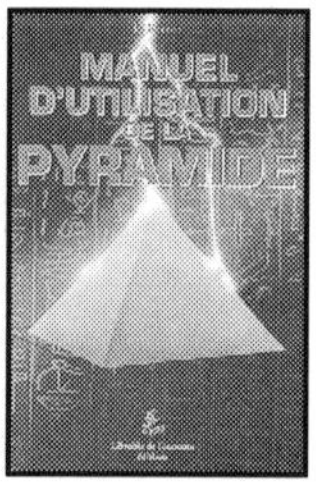

MANUEL D'UTILISATION DE LA PYRAMIDE

Auteur : Pascal Perrot

Tout ce que vous avez toujours voulu savoir sur les pyramides sans oser le demander... sans qu'on ose vous le révéler. Voyance, magie, dédoublement, télépathie, magnétisme, méditation, programmation des cristaux, radiesthésie, radionique. Découvrir ses vies antérieures. La pyramide permet d'épanouir votre potentiel humain. Avec de nombreuses expériences.

Prix : 90 F

LES LIVRES UTILES

LE GRAND LIVRE DES BOUGIES ET DES CHANDELLES

Auteur : J.C. Caradeau

Dans cet ouvrage pratique, J.L. Caradeau propose au lecteur de nombreux rituels destinés à résoudre la plupart des cas courants : santé, amour, amitié, relations, argent, famille. Ce sont là des domaines qui nous concernent tous ! Dans la seconde partie, il offre au lecteur une méthode qui lui permet de concevoir et de réaliser facilement le rituel répondant à son cas particulier. Recettes classiques clairement expliquées et illustrées.

Prix : 130 F

LES TAROTS A LA PORTEE DE TOUS

Auteurs : Kamina Brochka - Charly Samson

Pour les non-initiés, c'est une merveilleuse et utile découverte ; un véritable manuel de base. Pour ceux qui connaissent déjà les tarots, cet ouvrage leur permettra d'approfondir leurs connaissances et de mieux utiliser ce merveilleux instrument divinatoire. Explication des 72 lames du tarot, les méthodes de tirage, la numérologie des tarots.

Prix : 98 F

TAROT DE LA REUSSITE

Auteur : Colette Sylvestre

L'auteur a voulu, dans ce livre, mettre à votre disposition toutes vos possibilités de chance et de réussite dans votre vie de chaque jour en vous permettant de mieux vous connaître et de mieux comprendre les autres. Vous trouverez dans ce livre, des tirages précis qu'il vous sera facile d'interroger et qui répondront à vos interrogations.

Prix : 98 F

Impression : EUROPE MEDIA DUPLICATION S.A.
F 53110 Lassay-les-Châteaux
N°8190 - Dépôt légal :Février 2001